道教典籍選刊

老子指歸

〔漢〕嚴遵著
王德有點校

中華書局

圖書在版編目(CIP)數據

老子指歸/(漢)嚴遵著;王德有點校.—北京:中華書局,1994.3(2024.12重印)
(道教典籍選刊)
ISBN 978-7-101-00973-6

Ⅰ.老… Ⅱ.①嚴…②王… Ⅲ.①道家②老子指歸-注釋 Ⅳ.B223.1

中國版本圖書館CIP數據核字(2009)第069669號

責任編輯:劉浜江
封面設計:周 玉
責任印製:陳麗娜

道教典籍選刊
老 子 指 歸
〔漢〕嚴 遵 著
王德有 點校
*
中 華 書 局 出 版 發 行
(北京市豐臺區太平橋西里38號 100073)
http://www.zhbc.com.cn
E-mail:zhbc@zhbc.com.cn
三河市航遠印刷有限公司印刷
*
850×1168毫米 1/32 · 6⅛印張 · 2插頁 · 95千字
1994年3月第1版 2024年12月第12次印刷
印數:25201-26200冊 定價:28.00元

ISBN 978-7-101-00973-6

道教典籍選刊緣起

道教是我國土生土長的宗教，歷史悠久，可以溯源到戰國時期的方術，甚至更古的巫術，而正式形成於東漢時期。它是我國傳統文化的重要組成部分，對我國人民的思維方式、生活方式，對古代科學、技術的發展，都產生過重大影響，並波及社會政治、經濟等各方面。

道教典籍極爲豐富，就道藏而言，多達五千餘卷，是有待進一步發掘、清理和利用的文化遺産之一。爲便於國内外學術界對道教及其影響的研究，便於廣大讀者瞭解道教的概貌，我們初步擬訂了道教典籍選刊的整理出版計劃。其中既有道教最基本的典籍，也包括各種流派的代表作，有不少書與哲學、思想史關係密切。所有項目，都選用較好的版本作爲底本，進行校勘標點。

由於我們缺乏經驗，工作中難免有失誤之處，亟盼關心此項工作的專家和廣大讀者給以指導與幫助。

中華書局編輯部

一九八八年二月

序

漢書王貢兩龔鮑傳記載：「蜀有嚴君平，……卜筮於成都市，……才日閲數人，得百錢足自養，則閉肆下簾而授老子，博覽無不通，依老子、嚴周之旨，著書十餘萬言。」嚴君平著作，漢書藝文志未著録，但從王貢兩龔鮑傳所記看來，班固是肯定嚴君平有著作的。隋書經籍志著録「老子指歸十一卷，嚴遵注」。新舊唐書皆有著録。今存道藏本殘缺不全，而唐代老子注解中引指歸文句，頗有在道藏本以外的，足證唐代和宋初之時猶有完本。

四庫全書總目懷疑此書是僞作，然就書中内容來看，指斥秦楚，頌揚「神漢」，表現了一定的時代特點；書中解説老子，又多引周易的語句，與嚴君平「以卜筮爲業」的情況亦相符合。從這些内證看，肯定此書是嚴君平著作，確是有比較充分的理由的。

此書思想的特點是提出一獨具特色的天地起源論，宣稱：「天地所由，物類所以，道爲之元，德爲之始，神明爲宗，太和爲祖。道有深微，德有厚薄，神有清濁，和有高下。清者爲天，濁者爲地。」道是最根本的，由道而有德，由德而有神明，由神明而有太和，然後分爲天地。而道、德、神明、太和又是從無到有的四個階段。

這種學説在中國古代哲學著作中還是比較獨特的，其基本觀點是老子「有生於無」的發揮，是淮南子天地起源論的改造，可以説屬於客觀唯心主義，對於魏晉玄學可能有一定的影響。

無論如何，老子指歸是中國道家的一部重要著作，具有一定的理論價值。

清初以來，許多學者以此書爲僞書，所以不予重視。近年出版的中國哲學史著作中，亦没有論及此書的。實則此書思想確有特點，是值得研究的。王德有同志對於此書進行了整理，據道藏本、津逮秘書本、怡蘭堂叢書本，作了細致的校勘，並從唐宋若干老子注解中輯録了此書的佚文。這是一項有重要意義的工作，是近年整理古籍的一個新成果。王德有同志此書稿徵求我的意見，我看了很高興，略贅數語，藉以説明老子指歸的學術價值。

一九八三年四月，張岱年序於北京大學

自序

老子指歸是闡發老子宗旨的一部哲學著作。作者嚴君平，西漢末期隱士，蜀郡成都人，原姓莊，名遵，字君平。班固作漢書，避明帝劉莊諱，更莊爲嚴，稱嚴君平。嚴君平認爲「卜筮者賤業，而可以惠衆人」（漢書王貢兩龔鮑傳），於是以卜筮爲業。他常設攤於成都街市，每日看數人，得錢够自養，就閉肆下簾講授老子。他博覽羣書，廣學多識，根據老、莊之指著老子指歸（以下簡稱指歸）。

嚴君平喜好清静，崇尚自然，教人以忠孝禮義，歸本於無爲。主張「信順柔弱，躬耕而食，常於止足，歸乎無名」（指歸卷四）。認爲「益我貨者損我神，生我名者殺我身」（高士傳）。因此，謝絶邀聘，終身不仕，享年九十餘歲，終於其業。嚴君平深受當地民衆、學者的敬仰和愛戴。著名哲學家揚雄少時從嚴君平讀書，後身居京師要職，常向當朝臣宰稱頌嚴君平，並在法言問明中説：「蜀莊（嚴君平）之才之珍也，不作苟見，不治苟得，久幽而不改其操，雖隋、和何以加諸？舉兹以旃，不亦寶乎？吾珍莊也，居難爲也。」認爲嚴君平才高德厚，珍如隋珠，潔似和璧。三國時期蜀國的王商曾爲嚴君平立祠。當時蜀地名士常把嚴君平與仲尼並提。李權説：「仲尼、嚴平，會聚衆書，以成春秋、指歸之文。」秦宓説：「書非史記、周圖，仲尼不采；道非虚無自然，嚴平不演。」（三國志秦宓傳）他們都認爲，嚴君平與孔丘一樣，學識廣博堅實，自立一家之説。晉人皇甫士安的高士傳、常璩的華陽國志都有關於嚴君平事迹的記載。

指歸共十三卷，前七卷注老子德經，後六卷注老子道經，宋代之後只存前七卷。唐宋諸家老子注釋中引有指歸佚文百餘處，加上留存之半，尚可窺見指歸的基本思想。今存指歸有兩種版本，一是六卷本，題爲道德指歸論，列「卷一之六」，收於秘册彙函、津逮秘書、學津討原、叢書集成初編中；一是七卷本，題爲道德真經指歸，列「卷七至十三」，收於道藏、怡蘭堂叢書中。六卷本不引老子經文，每篇前以所注老子章首幾字爲題，如「上德不德篇」、「得一篇」、「上士聞道篇」等等，比七卷本多缺一卷，即缺老子「人之飢也」至「信言不美」幾章的釋文。七卷本每篇前引所注老子經文，不列篇題。指歸所據老子的版本與諸本不同，德經四十，道經三十二，共七十二章。

指歸在唐宋之前頗有影響，班固漢書王貢兩龔鮑傳載嚴君平「依老子、莊周之旨，著書十餘萬言」；晉常璩華陽國志載「嚴君平著指歸，爲道書之宗」；隋志、兩唐志、宋志唐陸德明經典釋文、唐玄宗道德真經疏外傳、唐杜光庭道德真經廣聖義的書目中都録有指歸；三國、魏晉、南北朝、唐、宋、元，歷代都有人論及和引証此書。從明代開始，有人懷疑當時所存的指歸是明人僞作，之後伴隨清代的疑古之風，又生出各種疑議。

爲校點此書，我查閲了歷代老子注本五十餘種，發現指歸的引文二百餘處，其中引前七卷文近百處，與明後留存的指歸對照，乃大同小異。這些注本都是唐宋之時所著，足証明後指歸存本不是僞托。

指歸的哲學思想獨具特色，在中國哲學的發展史中承前啓後，內蘊轉機。

一、由無生有的宇宙演化論

探究宇宙演化過程，是漢代哲學的重要特點。許多哲學家都把宇宙演化論作爲自己哲學思想的基礎，老子指歸也是如此。它沿着老子的思路，采納了淮南子的部分內容，創立了自己的宇宙演化學說。戰國時期反映春秋末年老子思想的著作老子，初步勾畫了一個宇宙演化的圖式，認爲它是一個由無生有，由少生多的發展過程。西漢中期的淮南子對宇宙演化過程作了較爲詳細的描繪，認爲它是由「一」逐漸向天地萬物分化的過程。嚴君平的指歸把淮南子物質分化的思想裝入了老子道生一、無生有的框架之中，構造了一個以虛無爲源，以氣化爲流的宇宙演化體系。

指歸遵照老子「有生於無」的思想，描繪了宇宙發展的總趨勢。它把整個宇宙發展過程分成兩大階段，第一階段稱之爲虛無，第二階段稱之爲實有。在指歸看來，天地生成之前，整個宇宙盡管孕育着天地萬物的基因，但是什麼形象也沒有，所以歸之爲「虛」或「無」；從天地分化開始，出現了有形有象的東西，所以歸之爲「實」或「有」。虛無階段在前，實有階段在後，天地都是由虛無階段演化過來的，所以它說：「萬物之生也，皆元於虛，始於無。」（指歸卷三）這樣，便從整體上恢復了老子「有生於無」的基本思想。

但是，指歸並沒有把虛無階段看成一個凝固不變的狀態，而認爲它是一個由極度虛無逐漸趨向實有的發展過程，即道生一，一生二，二生三的過程。

「道」是極度的虛無，指歸稱之爲「無無無之無」或「虛之虛」。卷二說：「無無無始，不可存在，無形無聲，不可視聽，稟無授有，不可言道，無無無之無，始未始之始，萬物所由，性命所以，無有所名者謂之道。」又說：「道虛之虛，故能生一。」

「一」是相對的無，指歸稱之爲「無無之無」或「虛」，說它是「虛而實」、「無而有」。卷一說：「一者，道之子，神明之母，太和之宗，天地之祖，於神爲無，於道爲有，於神爲大，於道爲小。故其爲物也，虛而實，無而有。」又說：「一」，「無無之無，始始之始」。卷二還說：「一以虛，故能生二。」

「二」是又次一等的無，指歸稱之爲「無之無」。卷二說：「二以無之無，故能生三。」

「三」是更次一等的無，指歸稱之爲「無」。卷二說：「三以無，故能生萬物。」

因此，所謂道生一，一生二，二生三，三生萬物，在指歸看來，即是由虛無經由「虛而實，無而有」，逐漸向實有的過渡和演化。對此，指歸作了綜述：「故虛之虛者生虛者，無之無者生無者，無者生有形者。故諸有形之徒皆屬於物類。物有所宗，類有所祖。天地物之大者，人次之矣。夫天人之生也，形因於氣，氣因於和，和因於神明，神明因於道德，道德因於自然：萬物以存。」（指歸卷二）文中「道德」是「道」與「一」的合稱，「神明」即二，「太和」即三。在指歸看來，整個宇宙就是這樣從極度虛無的道，通過四個層次，逐漸生出實有，產生出萬物的。因此，指歸不是簡單地重復老子「有生於無」的思想，而是把它引入了更爲復雜更爲具體的思維深度，用一個逐漸演化的過程充實了它。

指歸用漸化過程説明老子「有生於無」的思想，爲自己的思維開辟了廣闊天地，使它可以在老子的圖式中增添新的色彩。在它看來，道生一、一生二、二生三既然是一個由虛無向實有逐漸演化的過程，就不是抽象的，而是具有真實内容的過程。它在論述中賦予了「道」、「一」、「神明」、「太和」以具體内容。

關於「道」，指歸采納了淮南子的觀點，認爲它是引導天地萬物生化的軌道，是天地萬物普遍遵循的法則。不同的是，淮南子没有具體表明這一法則的内容，指歸却認爲它是「自然」、「無爲」。卷二談到「道」時説：「夫道之爲物，無形無狀，無心無意，不念不忘，無知無識，無首無向，無爲無事，虛無澹泊，恍惚清静。」這是説道没有形象，没有聲色，没有意識，没有作爲，是一種看不見，摸不着，聽不到，無所事事的東西。又説：「其爲化也，變於不變，動於不動，反以生復，復以生反，有以生無，無以生有，反復相因，自然是守。」是説道在不變中生變，不動中生動，自身不變不動，自然産生出變化運動。這種變化運動因循着反以生復，復以生反，有以生無，無以生有的軌道進行着。這種軌道所遵循的就是那個不變不動而生變生動的「自然」法則，即所謂「反復相因，自然是守」。指歸又接着説：「無爲爲之，萬物興矣；無事事之，萬物遂矣。是故，無爲者道之身體，而天地之始也。」是説道無所爲之而萬物自興，無所事之而萬物自成，實際上萬物皆是由無爲無事而産生的，所以「無爲」這個法則就是道之自身，萬物之始祖。從這段描述可以看出，老子指歸把「道」看作是一個没有形象，没有作爲，自身不動而萬變不离其宗的普遍法則。這個法則即是「自然」、「無爲」，所以指歸說「無爲者，道之身體」。卷五對道進行描述說：「道以無有之形、無狀之容，開虛無，導神通，天地和，陰陽寧，調四時，決萬方，殊形異類，皆得以成，變化終始，以無爲爲常，無所愛惡，與物大同，羣類應之，各得所行。」也是說，道作爲普遍法則，無有形狀容貌，却可以包容一切，奇妙亨通，使天地諧和，陰陽不戾，四時順暢，萬物安泰。宇內之物殊形異類，形象萬千，都藉道而成；運動變化，始終交替，都以無爲爲則，即文中所說「變化終始，以無爲爲常」。道即是不同形體、相互差異的萬物以之爲常規的無爲法則。

爲什麽將「無爲」或「自然」法則稱之爲「道」呢？指歸在卷二中說：「無無無始，不可存在，無形無聲，不可視聽，稟無授有，不可言道，無無無之無，始未始之始，萬物所由，性命所以，無有所名者謂之道。」其意是說，因爲它看不見，摸不着，不可用言語來表達，所以無法給他任何稱謂；但它却是萬物的由來和各種性能及趨向的根據，「萬物所由，性命所以」，因此稱之爲「道」。

關於「一」，指歸也采納了淮南子的觀點，認爲它是一種混沌的原始物質。卷一談「一」時說：「其爲物也，虛而實，無而有。」卷二又說：「有物混沌，恍惚居起，輕而不發，重而不止，陽而無表，陰而無裏。既無上下，又無左右，通達無境，爲道綱紀。懷壤空虛，包裹未有，無形無名，芒芒澒澒，混混沌沌，冥之不可稽之，亡於聲色，莫之與比。指之無向，搏之無有，浩洋無窮，不可論論。潢然大同，無終無始，萬物之廬，爲太初首者：故謂之一。」其一是說，「一」仍然是一種「無形無名」、「亡於聲色」、看不見、摸不着，聽不到的東西；其二是說，它相對道來說，已經不是絕對的虛無，而是「虛而實」、「無而有」，是一種以道爲法，循道而行，比道便於捉摸的東西，即所謂「爲道綱紀」；其三是說，這種東西無輕無重，無上無下，無陰無陽，無表無里，彌漫於無窮空間，是「芒芒湏湏，混混沌沌」的存在物；其四是說，這種混混沌沌的存在物包容萬物，生化衆類，是「太初之首者」。可見，指歸所描述的「一」，是最初出現的混混沌沌的存在物，即我們所謂的原始混沌物質。

關於「神明」，指歸吸取了先秦管子書中內業、白心、心術上、心術下四篇文章的觀點，把它描繪成一種變化莫測的氣，管子四篇稱之爲「精氣」，指歸稱之爲「神氣」（卷六）。卷七談神明時說：「有物俱生，無有形聲，既無色味，又不臭香。出入無户，往來無門，上無所蒂，下無所根。清静不改，以存爲常，和淖纖微，變化無方。與物糅和，而生乎三，爲天地始，陰陽祖宗。在物物存，去物物亡，無以名之，號曰神明。生於太虛，長於無物，禀而不衰，授而不屈。動極無窮，静極恍惚，大無不包，小無不入。周流無物之外，經歷有有之內。天犇地馳而不能及，陰騁陽鶩而不能逮，響窮竭而不能應，影靡散而不能類。取而不能以息，予而不能以費。去取有分，無所憎愛。留柔居弱，歸於空虛，進退屈伸，常與德俱。爲道先倡，物以疏翟，受多者聖智，得少者癡愚。故神明聖智者，常生之主也；柔弱虛静者，神明之府也。」這與管子四篇中所說的「神明」基本相同。心術上說：「潔其宮，開其門，去私毋言，神明若存。」是說人心排除了私欲和煩亂，達到無欲無言的潔境，好像神明就存在人體之中了，與指歸所言「留柔居弱，歸於空虛」是一個意思。管子四篇有時把神明稱之爲「神」、「精」或「靈氣」。內業說：「有神自在身，一往一來，莫之能思，失之必亂，得之必治」；「精之所舍，而知之所生」；「靈氣在心，一來一逝，其細無內，其大無外」。指歸則說，神明「出入無户，往來無門」，「和淖纖微，變化無方，在物物存，去物物亡」，「受多者聖智，得少者癡愚」，「大無不包，小無不入」。二者的描繪也頗相似。在管子四篇中，神明、神、精指精氣，內業說：「精也者，氣之精者也。」指歸基本上繼承了這種見解，以神明爲變化莫測、細小纖微、彌漫於空間的氣，稱之爲「神氣」。卷六說：「夫無形無聲而使物自然者，道與神也；有形有聲而使物自然者，地與天也。神道蕩蕩而化，天地默默而告，蕩而無所不化，默而無所不告。神氣相傳，感動相報。」文中的「神」和「神氣」，卽指神明。

關於「太和」，指歸把它視之爲一種和諧的氣。在道經部分解「谷神不死」時說：「太和妙氣，妙物若神，空虛爲家，寂泊爲常。」這裏稱太和爲「妙氣」。卷六談人君失道時說：「斲剸道德，破碎神明，和氣潰濁，變化不通。」這裏又以「和氣」代「太和」。表明太和在指歸中是氣，稱之爲「妙氣」或「和氣」。

由上可見，道生一，一生神明，神明生太和，太和生萬物，也就是自然無爲法則生原始混沌物質，原始混沌物質生神氣，神氣生和氣，太和妙氣生天地萬物。在這裏，除了宇宙起始於一個抽象的法則「道」外，完全是一個物質世界演化的過程。指歸把這個過程概括爲「氣化分離」，卽氣的變化分離過程。這個發展過程說明，天地人物共出一源，同一宗祖，四方上下，宇宙內外，連爲一體，都是由氣變化分離而成的，由一片混沌的氣，剖判爲天地、五行，分化爲萬物、人類。天地萬物都是氣稟而成。

從哲學基本問題的高度來分析，從「元於虛，始於無」，到「氣化分離」，指歸構造了一個獨特的宇宙演化體係。在它的表面禁錮着一層虛無漂渺的東西，這是一個充塞着唯物主義内容的唯心主義體係。在它的表面禁錮着一層虛無漂渺的東西，一個抽象的事物運變的法則，其内却飽蘊着實實在在的東西，飽蘊着整個物質世界生成及其發展變化的過程。這個抽象的法則和具體的物質分化過程膠合在一起的體係，表現出了老子指歸的思維邏輯。概括起來有如下兩點：

（一）向相反的方向轉化。指歸卷一說：「道之至數，一之大方。變化由反，和纖爲常。起然於否，爲存於亡。天地生於太和，太和生於虛冥。」認爲宇宙發展變化的終極法則是向着與自身相反的方向轉化，即「變化由反」。宇宙起源於虛無，必然轉化爲實有；天地萬物有形，必然生於無形。這一思維邏輯盡管符合具體事物的辯証法，也使自身的思想前後貫通，但却沒有認識到轉化的特定前提及條件，從而把具體的個别的事物由無生有的現象推廣到整個宇宙的起端，認爲具體的物質世界是由抽象的非物質的東西轉化而來的，因此陷入了謬誤。

（二）由漸化到突變。「有生於無」是老子提出的命題，它表述了哲學性質根本相反的兩種東西的轉化，由抽象的虛無的東西，轉化爲具體的實在的東西。這種推理只是一種主觀的構思。但指歸以漸化過程解釋由無生有的突變，把「實」、「有」的生成視爲虛無因素逐漸減弱、實有成分逐漸積累的結果，把天地萬物的生成視爲由絶對無有漸化爲氣，由氣漸化而成形的結果。這反映出了中國古代的辯証法思想，接觸到了量變到質變的規律。它出現在兩千年前的古老中國，爲我們提供了珍貴的思想遺産。

二、以無爲本的本體論

指歸認爲，道不僅生化了神明、太和及天地萬物，而且是天地萬物存在、生長、發展、變化、各顯其性、各逞其能、各歸其宿、各順其化的根據。卷三談到「道」時說：「其於萬物也，豈直生之而已哉！生之形之，設而成之，品而流之，停而就之，終而始之，先而後之。既托其後，又在其前。神明以處，太和以存。清以上積，濁以下凝。天以之圓，地以之方。陰得以陰，陽得以陽。日月以照，星辰以行。四時以變化，五行以相勝。火以之熱，水以之寒。草木以柔，金石以剛。味以甘苦，色以玄黃。音以高下，變以縱横。山陵以滯，風雨以行。鱗者以游，羽者以翔。獸以之走，人以聰明。殊類異族皆以之存，變化相背皆以之亡。萬天殊狀，水土異形。習俗相違，利害不同。容貌詭謬，意欲不通。陰陽所不能及，日月所不能明。皆以之始，皆以之終。開口張目，屈伸傾側，俯仰之頃，喘息之間，神所經歷，心意所存，恩愛所加，雌雄所化，無所不導，無所不爲。」道無處不在，無物不有，決定着天地萬物的形象、聲色、性能及存亡興衰。

尋其原因，在于它是「無爲」法則。指歸認爲，天地之間品類繁多，形象萬千，性能各異，情態無窮，能爲再大也有一定限度，不能造成和主宰無窮的世界，只有無爲纔容得天地萬物各自的生長變化。卷三說：「天地之間，廣大修遠，殊風異俗，物類衆巨，變化無窮，利害謬說，故能不能制，而爲不能爲也。我爲天下，而天下亦爲我，彼我相遇，則彼衆而我寡，以寡遇衆，則衆寧寡殆。故以己知立則知奪之，以己巧立則巧伐之，以己力立則力威之，唯無所爲，莫能敗之。」在指歸看來，知能巧力有限，天地萬物無窮，以有限之力造無窮之物，勢必物不盡造而反受其害，只有無爲才能無所不爲。

究其道理，在於它無形。指歸認爲，任何有形的東西都有一定局限性，不能窮盡和包容天地萬物，更無法決定天地萬物。只有無形的東西才能無有窮盡，無所不包，無有形碍，無所不入，纔能具有普遍性的品格，也纔能無所不爲，無所不制。卷三說：「夫天地有類而道德無形。有類之徒莫不有數，無形之物無有窮極。」卷二說：「夫道以無有之有，通無間，游無理，光耀有爲之室，澄清無爲之府，出入無外而無圻，經歷珠玉而無朕。何以效其然也？夫有形、鎌利不入無理。神明在身，出無間，入無孔，俯仰之傾經千里。由此言之，有爲之爲，有廢無功；無爲之爲，成遂無窮，天地是造，人物是興。」

指歸還以道生天地萬物，証明「無爲」是天地萬物生化的根據。卷四說：「道無不有而不施與，故萬物以存；無所不能而無所爲，故萬物以然。何以明之？夫道體虚無而萬物有形，無有狀貌而萬物方圓，寂然無音而萬物有聲。由此觀之，道不施不與而萬物以存，不爲不宰而萬物以然。然生於不然，存生於不存，亦明矣！」在指歸看來，道無形狀，萬物有方圓；道無音聲，萬物有宮商。無形之道無以給萬物以方圓，無聲之道無以爲萬物造音聲，然而無形無聲的道却生出了方圓宮商的萬物。由此可証「萬物以然」的原因在於無爲。

在此基礎上，指歸得出無爲是天地萬物本根的結論。卷三説：「道德之化，變動虛玄。蕩蕩默默，汎汎無形，潢漭慌忽，渾沌無端。視之不見，聽之不聞，開導稟授，無所不存。功成遂事，無所不然，無爲之爲，萬物之根。」認爲無爲法則及原初物質充塞宇宙，雖然無形可見，無聲可聞，但浩瀚太空及萬物之中無處不在，天地終始無時不有，稟授物類，成就功事，無所不爲，所以説「無爲之爲，萬物之根」。又説：「無爲微妙，周以密矣，滑淖安静，無不制矣，生息聰明，巧利察矣，通達萬方，無不溉矣，故曰有爲之元，萬事之母也。」卷二説：「虛無無形微寡柔弱者，天地之所由興，而萬物之所因生也。衆人之所惡，而侯王之所以自名也。萬物之源泉，成功之本根也。」文中説「之元」、「之母」、「之源泉」、「之本根」等，都是以無爲法則爲天地萬物生存變化的根據，或曰本體。

指歸提出的本體論是兩漢時期宇宙演化論的發展。宇宙演化論探討的是天地萬物由何産生，如何産生的問題，本體論在此基礎上進一步探討天地萬物所以産生，所以存在變化的根據及原由，表明了人類思維的深化。特别是指歸提出本體需有普遍性的公設，認爲作爲天地萬物生存發展共同根據的本體應該具有普遍性，不能受具體形象、具體屬性的局限。這對促進人類深入了解世界統一性問題很有價值。

指歸的本體論思想對後世影響頗大。魏晉時期何晏、王弼以「無」爲本的貴無論就是這種思想的發展。而且指歸已經把「無爲」法則稱之爲「虛無」了。說「道體虛無」（卷四），「虛無無爲，……道德之心」（卷三），「虛無無形，……成功之本根」（卷二）；說天地萬物皆以「虛」、「無」而生，「道以虛之虛，故能生一」，「一以虛，故能生二」，「二以無之無，故能生三」，「三以無，故能生萬物」（卷二），并主張「因其本，修其無」（卷七）。由此可見，嚴君平的指歸在中國哲學史上開了以「虛無」爲本的先河。宋代晁說之在爲王弼老子注作記時說：「王弼老子道德經二卷，真得老子之學歟，蓋嚴君平指歸之流也。」道破了嚴君平老子指歸與王弼貴無學說的源流關係。所不同的是，指歸以「無爲」爲虛無，以「無爲」爲本，何晏、王弼以「無」爲本。

三、萬物自生自化的思想

指歸認爲道德、天地都是無意識的，提出了「萬物自生」和「物自爲之化」的命題。卷五說：「道德不生萬物，而萬物自生焉。天地不含羣類，而羣類自托焉。自然之物不求爲王，而物自王焉。故天地億萬，而道王之；衆陽赫赫，而天王之；陰氣漻漻，而地王之；倮者穴處，而聖人王之；羽者翔虛，而神鳳王之；毛者蹠實，而麒麟王之；鱗者水居，而神龍王之；介者泽處，而靈龜王之；百川并流，而江海王之。凡此九王，不爲物主，而物自歸焉；無有法式，而物自治焉；不爲仁義，而物自附焉；不任知力，而物自畏焉。何故哉？體道合和，無以物爲，而物自爲之化。」從道德到江海都無爲於物，萬物所以尊其爲王，在於物之自歸、自治、自附、自畏，概而言之，「物自爲之化」。指歸着重把萬物自生自化的命題運用於天地與萬物關係的論述上，認爲天地是無爲的，萬物是自生自化的。卷六說：「夫無形無聲而使物自然者，道與神也；有形有聲而使物自然者，地與天也。」天地雖然與道神不同，天地有形有聲，道神無形無聲，但是天地與道神都沒有意志，沒有作爲，放任萬物自生自化，這一點是相同的。

指歸分析了天地無爲的原因，認爲這在於天地是客觀存在的無意識的物質實體，不是有意識的神。天高而清明，地厚而順寧，天地相配，陰陽相交，和氣流行開來，萬物就自然生化出來了。指歸解老子「天地不仁」句時說：「天高而清明，地厚而順寧，陰陽交通，和氣流行，泊然無爲，萬物自生焉。天地非傾心移志、勞精神、務有事、淒淒惻惻、流愛加利、布恩施厚、成遂萬物而有以爲也。」

指歸還從天地與萬物和諧存在的現實，說明天地無爲、萬物自生自化的道理，認爲天地與萬物和諧地存在，証明天地是沒有意識的，萬物是自然生存變化的。因爲世界上的事物都是互相聯係、變化運動的，高卑相傾，剛柔相成，禍福相生，陰陽相萌，任何意志都無法完滿地把整個世界協調起來；如果有意造就萬物，只會造成爲高得卑、爲剛得柔的相反結果，萬物各自的性能、萬物存在的環境和條件就會受到損害，遭到破壞，整個世界就會混亂乖戾。卷一說：「天之性得一之清，而天之所爲非清也。無心無意，無爲無事，以順其性；玄玄默默，無容無式，以保其命。是以陰陽自起，變化自正。故能剛健運動以致其高，清明大通，皓白和正，純粹其茂，不與物糅。確然大易，乾乾光耀，萬物資始，雲蒸雨施，品物流形，元首性命，玄玄蒼蒼，無不盡覆。」又說：「使天有爲，動不順一。爲高得卑，爲清得裂。陰陽謬戾，綱馳紀絶。和氣隔塞，三光消滅。雷霆妄作，萬物皆失。」談到地時説：「地之性得一之寧，而地之所爲非寧也。無知無識，無爲無事，以順其性。無度無數，無愛無利，以保其命。是以山川自起，剛柔自正。故能信順柔弱，直方和正。廣大無疆，深厚清静。萬物資生，無不成載。」又説：「使地有爲，動不順一。爲直得枉，爲寧得發。山川崩絶，剛柔卷折。氣化不通，五行毁缺。百穀枯槁，羣生疾疫。」正因爲天地無爲，纔保持了現在這種天覆地載、萬物繁盛的和諧狀態。

「萬物自生」、「物自爲之化」的命題有其自身的哲學意義。老子的無爲思想主要是從生化者「道」的角度提出的，説「道常無爲而無不爲」，認爲生化萬物的道無意識。這一思想雖然否認了萬物的始祖是上帝，但是這種表述方法却没有説明萬物生化是否還有其它意志因素在起作用。指歸從被生化者「萬物」的角度來表述，説萬物都是自生自化，不受任何意志的支配，這便完全切斷了萬物生化與道德、天地以及任何東西之間的意志關係，完全否決了萬物生化過程中的意志作用，從而把無爲思想發展成否定任何天命論及神學目的論的理論。在西漢時期，以董仲舒爲代表的神學目的論在思想領域越來越占據了統治地位，認爲天是宇宙間至高無上的主宰者，天下萬物的生死變化、萬事的成敗興衰，特别是君位的得失，都是天有目的的安排的，是天意的表現。指歸提出萬物自生自化的思想，認爲萬物都是自己自然生化出來的，非天所爲，而且人君也是自然形成的，非天所爲。這與董仲舒的天命觀截然相背。只是指歸作者嚴君平是位隱士，與世無爭，所以只從正面以解老的方式表述了自己的思想。這一思想對東漢王充天道自然思想的形成有很大影響。王充在論衡物勢中説：「儒者論曰：天地故生人。此言妄也。夫天地合氣，人偶自生也，猶夫婦合氣，子則自生也。」又説：「夫天不能故生人，則其生萬物，亦不能故也。天地合氣，物偶自生矣！」論衡自然説：「何以〔知〕天之自然也？以天無口目也。」這種「天不能故生人」、「人偶自生」、「物偶自生」的思想，正是指歸「萬物自生」、「物自爲之化」思想的再現。不同的是，它更富有針對性和戰斗性，矛頭直指神學目的論。

老子指歸的哲學思想及對後世的影響，從一個方面表明了它的學術價值，除此之外，它所包含的政治思想、倫理思想、軍事思想以及自身的文學藝術價值也很值得深入研究。爲此，我歷時三年整理出了此書。在整理此書的過程中，蒙張岱年、朱伯崑二位導師的反復指教。在修改過程中曾就一些問題請、教過艾力農教授。附録的收録得到了王利器教授的支持。輯佚部分幸得與湯一介教授珍藏的蒙文通先生嚴君平道德指歸論佚文對照。李中華、袁德金、程宜山等同窗密友在圖書資料的收集方面給了我很大幫助。王國軒，熊國禎同志在校點方面又不吝賜教，在此特表衷心感謝。

王德有

一九八三年四月

點校説明

老子指歸，在明正統道藏及怡蘭堂叢書中名爲道德真經指歸，在秘册彙函、津逮秘書、學津討原、叢書集成中名爲道德指歸論。點校時據經典釋文、隋書經籍志、兩唐志、宋史藝文志書目著録名爲此題。

本書以明正統道藏本爲底本，校以怡蘭堂叢書本（簡稱怡蘭本）、津逮秘書本（簡稱津逮本）、學津討原本（簡稱學津本）。凡底本中的衍誤字句均括以（　），補脱和改正的字句均括以〔　〕，并於每篇之後附以校記。

老子指歸共十三卷，七十二篇，另附一篇序文説二經目。前七卷注老子德經，共四十篇；後六卷注老子道經，共三十二篇。今本只存前七卷，後六卷宋後佚。道藏本及怡蘭堂叢書本將一至七卷的卷次列爲七至十三，本書據序文説二經目「上經四十」、「下經三十有二」語及其他校本改回。道藏本、怡蘭堂叢書本在每篇文前皆引所注老子原文，其他校本每篇文前只以所注老子原文的起首幾字爲篇名，如上德不德篇、得一篇、上士聞道篇等，本書都予以保留，且將篇名置於老子原文之前。

校者從五十多種老子注本中覓出老子指歸後六卷的佚文百餘條，删重去贅，合爲八十則，彙爲輯佚，列於正文之後，仿照前七卷體例排列。

本書最後附録了西漢迄今有關嚴君平生平事蹟、老子指歸書目著録及序跋提要等資料，供讀者參考。

目録

老子指歸

君平說二經目〔一〕

莊子〔二〕曰：昔者老子之作也，變化所由，道德爲母，效經列首，天地爲象。上經配天，下經配地。陰道八，陽道九，以陰行陽，故七十有二首。以陽行陰，故分爲上下。以五行八，故上經四十而更始。以四行八，故下經三十有二而終矣〔三〕。陽道奇，陰道偶〔四〕，故上經先而下經後。陽道大，陰道小，故上經衆而下經寡。陽道左，陰道右，故上經覆來，下經反往。反覆相過，淪爲一形。冥冥混沌，道爲中主。重符列驗，以見端緒。下經爲門，上經爲户。智者見其經效，則通乎天地之數、陰陽之紀、夫婦之配、父子之親、君臣之儀，萬物敷矣。

〔一〕此爲指歸之序。道藏本及怡蘭本作君平說二經目；津逮本及學津本作說目，列入道德指歸論卷一之首。

〔二〕莊子，卽嚴君平。谷神子注：「嚴君平者，蜀郡成都人也。姓莊氏，故稱莊子。東漢章和之間班固作漢書，避明帝諱，更之爲『嚴』。『嚴』、『莊』亦古今之通語。」

〔三〕指歸以周易解說老子篇目。周易繫辭上說：「天一，地二，天三，地四，天五，地六，天七，地八，天九，地十。」又說：「天尊地卑，乾坤定矣。」地爲八，天爲九，地爲坤，天爲乾，故八爲陰，九爲陽，指歸謂之「陰道八，陽道九」。「以陰行陽」，卽以陰爲行，以陽爲列，編爲行列。指歸認爲，老子全書共七十二章，分上下兩經，上經四十章，下經三十二章，皆由陰陽之數編排行列而得：以陰八爲行，以陽九爲列，八九得七十二，故曰「以陰行陽，故七十有二首」。縱云行，橫爲列，以陽九爲行不可中分，只可以五、四相分，別爲上下，故曰「以陽行陰，故分爲上下」，卽分爲上下二經：上經衆，以五爲行，以八爲列，「故上經四十而更始」；下經寡，以四爲行，以八爲列，「故下經三十有二而終矣」。

〔四〕周易筮法以奇數爲陽，以偶數爲陰。

老子指歸卷之一

上德不德篇

上德不德，是以有德。下德不失德，是以無德。上德無爲而無不爲，下德爲之而有以爲。上仁爲之而無以爲，上義爲之而有以爲。上禮爲之而莫之應，則攘臂而仍之。故失道而後德，失德而後仁，失仁而後義，失義而後禮。禮者，忠信之薄而亂之首。前識者，道之華而愚之始。是以，大丈夫處其厚，不處其薄；處其實，不處其華。去彼取此。

〔指歸〕：天地所由，物類所以：道爲之元，德爲之始，神明爲宗，太和爲祖。道有深微，德有厚薄，神有清濁，和有高下。清者爲天，濁者爲地，陽者爲男，陰者爲女。人物稟假，受有多少，性有精粗，命有長短，情有美惡，意有大小。或爲小人，或爲君子，變化分離，剖判爲數等。故有道人，有德人，有仁人，有義人，有禮人。敢問彼人何行而名號殊謬以至於斯？莊子曰：虛無無爲，開導萬物，謂之道人。清靜因應，無所不爲，謂之德人。兼愛萬物，博施無窮，謂之仁人。理名正實，處事之義，謂之義人。謙退辭讓，敬以守和，謂之禮人。凡此五人，皆樂長生，尊厚德，貴高名。各慎其情性〔一〕，任其聰明。道其所長，歸其所安。趨務舛馳，或否或然。變化殊方，建號萬差。德有優劣，世有盛衰，風離俗異，民命不同。故或有溟涬玄寥而無名，或濛澒芒芒而稱皇，或汪然漭汎而稱帝，或廓然昭昭而稱王，或遠通參差而稱伯。此其可言者也。然而伯非伯，而王非王，而帝非帝，而皇非皇，而有非有，而無非無，千變萬化，不可爲計，重累億萬，不可爲名。何以明之？夫易姓而王，封於泰山，禪於梁父者，七十有二義〔二〕，其有形兆圻堮髣髴不可識者，不可稱言，此其性命不同、功名不齊者非耶也〔三〕？是故，上德之君，體道而存。神與化倫，德動玄冥。天下王之，莫有見聞。德歸萬物，皆曰自然。下德之君，體德而行。神與化遊，德配皇天。天下王之，或見或聞。德流萬物，復反其君。夫何故哉？

上德之君，性受道之纖妙，命得一之精微，性命同於自然，情意體於神明，動作倫於太和，取舍合乎天心。神無所思，志無所慮，聰明玄遠，寂泊空虛。動若無形，靜若未生，功若天地，事如嬰兒。遺形藏志，與道相得。溟涬濛澒，天下莫知。潼溶方外，翺翔至遠。陰陽爲使，鬼神爲謀。身與道變，上下無窮。進退推移，常與化俱。故恬淡無爲而德盈於玄域，玄默寂寥而化流於無極。恩不可量，厚不可測，兼包大營，澤及萬國。知不足以倫其化，言不足以導其俗。天下味味喁喁，皆蒙其化而被其和。若此者元無，絶而不知爲之者何誰也。

下德之君，性受道之正氣，命得一之下中，性命比於自然，情意幾於神明，動作近於太和，取予體於至德。託神於太虛，隱根於玄冥，動反柔弱，靜歸和平。（載）〔戴〕〔四〕規履矩，鏡視太清，變化惚恍〔五〕，因應無形。希夷茫昧，幾無號謚〔六〕，方地隨天，與化爲常，德盛澤流，洋溢萬方。美德未形，天下童蒙，四海爲一，蕩蕩玄默，與民俯仰，與物相望。當此之時，大道未分，醇德未剖，六合之内，一人獨處。其務損而不益，其事修而不作，所爲者寡，所守者約。民敦厚而忠信，世和愼而寂泊，水草爲稸積，裘褐爲盛服，巨木爲廊廟，嚴穴爲室宅。主如天地，民如草木，被道合德，恬淡無欲。陰陽和洽，萬物蕃殖，無有制令，宇内賓伏。嘉禾朱草，勺藥而〔七〕生，神龍鳳凰，與人相託。甘露降而不霽，祥風動而不息。無義無仁，六合之内，和合天親。無節無（祀）〔禮〕〔八〕，四海之内，親爲兄弟。親而不和，敬而不恭，天地人物，混沌玄通。

上仁之君，性醇粹而清明，皓白而博通。心意虛靜，神氣和順，管領天地，無不包裹。覩微得要，以有知無，養生處德，愛民如子。昭物遭變，響應影隨，經天之分，明地之理。別人物之宜，開知故之門，生事起福，以益萬民。録内略外，導之以親，積思〔九〕重厚，以招殊方。法禁平和，號令寬柔，舉措得時，天下歡喜。雷霆不暴作，風雨不卒起，草木不枯瘁，人民不夭死。跂行喙息，皆樂其生，蜎飛蠕動，盡得其所。老弱羣遊，壯者耕桑，人有玄孫，黃髮兒齒。君如父母，民如嬰兒，德流四海，有而不取。

上義之君，性和平正，而達通情，察究利害，辯智聰明。心如規矩，志如尺衡，平靜如水，正直如繩。好舉大功，以建鴻號，樂爲福始，惡爲禍先。秉權操變，以度時世，崇仁勵義，以臨萬民。因天地之理，制萬物之宜，事親如奉神，履民如臨深。兼聽萬國，折之以中，威而不暴，和而不淫。嚴而不酷，察而不刻，原始定終，立勢御民。進退與時流，屈伸與化俱，事與務變，禮與俗化。號令必信，制分別明，綱要而不疎，法正而不淫。萬事決於臣下，權勢獨斷於君。廷〔一〇〕正以慎道，顯善以發姦。作五則，刻肌膚。敬元貴始，常與名俱，因節而折，循理而割。權起勢張，威震海內，去己因彼，便民不苛。纖芥之惡貶，秋毫之美舉。內施王室，外及人物，承弊通變，存亡接絶。扶微起幼，仁德復發，有土傳嗣，子孫不絶。

上禮之君，性和而情柔，心疎而志欲，舉事則陰陽，發號順四時。紀綱百變，網羅人心，尊寵君父，卑損臣子。正上下，明差等，序長幼，別夫婦，合人倫，循交友。歸奉條貫，事有差品，拘制者褒録，不羈者削貶。優游强梁，包裹風俗，導以中行。順心從欲，以和節之，迫情禁性，防隄未萌。牽世繫俗，使不得淫。絶人所不能以〔一一〕强人所不能行，勞神傷性，事衆〔一二〕費煩，亂得以治，危得以寧。知故通達，醇愨消亡，大道滅絶，仁德不興。天心不洽，四位失常，雷霆毁折，萬物夭傷。父子有喪，而天不爲之和；晝夜悽悽，而世不爲之化；鐘磬喤喤，而俗不爲之變；沉吟雅韻，而風不爲之移。謙退辭讓，天下不信；守柔伏雌，天下不親；懸爵設賞，賢人不下；攘臂執圭，君子不來。夫何故哉？辭豐貌美而誠心不施故也。

是故，帝王根本，道爲元始。道失而德次之，德失而仁次之，仁失而義次之，義失而禮次之，禮失而亂次之。凡此五者，道之以一體而世主之所長短也。故所爲非其所欲也，所求非其所得也，不務自然而務小薄。夫禮之爲事也，中外相違，華盛而實毁，末（降）〔隆〕〔一三〕而本衰。禮薄於忠，權輕於威，信不及義，德不逮仁。爲治之末，爲亂之元，詐僞所起，忿爭所因。故制禮作樂，改正易服，進退威儀，動有常節，先識來事，以明得失，此道之華而德之末 一時之法，一隅之術也。非所以當無窮之世，通異方之俗者也。是故，禍亂之所由生，愚惑之所由作也。

何以明之？莊子曰：夫天地之應因於事，事應於變，變無常時。是以事不可預設而變不可先圖，猶痛不可先摩而痒不可先折，五味不可以升斗和，琴瑟不可以尺寸調也。故至微之微，微不可言，而至妙之妙，妙不可傳。忠信之至，非禮之所能飾，而時和先後，非數之所能存也。故聰明（傳）〔博〕〔四〕達，智慮四起，覩陰之綱，得陽之紀，明鬼神之道，通萬物之理，仰則見天之裏，俯則見地之裏，教民不休，事至不止，以此至平，非所聞也。比夫萬物之託君也，猶神明之居身而井水之在庭也：水不可以有爲清也，神不可以思慮寧也，夫天地之間，萬物並興，不可以有事平也。是以，大丈夫之爲化也，體道抱德，太虛通洞。成而若缺，有而若亡。其靜無體，動而無聲。忠信敦愨，不知爲首，玄默暗昧，樸素爲先。損心棄意，不見威儀，無務無爲，若龍若蛇。違禮廢義，歸於無事，因時應變，不預設然。秉微統要，與時推移，取舍屈伸，與變俱存〔五〕。禍亂患咎，求之於己，百祥萬福，無情於人。

〔一〕津逮本、學津本無「各慎其情性」。

〔二〕津逮本、學津本作「君」。

〔三〕「非耶也」當作「非也耶」。叢書集成本作「耶非也」。
〔四〕據津逮本、學津本改。
〔五〕津逮本、學津本作「恍惚」。
〔六〕津逮本、學津本作「謚號」、
〔七〕津逮本、學津本作「並」。
〔八〕據津逮本、學津本改。
〔九〕疑作「恩」。
〔一〇〕津逮本、學津本作「延」。
〔一一〕津逮本、學津本作「已」。
〔一二〕怡蘭本作「重」。
〔一三〕據怡蘭本、津逮本、學津本改。
〔一四〕據怡蘭本、津逮本、學津本改。
〔一五〕津逮本、學津本無「與變俱存」。

得一篇

昔之得一者，天得一以清，地得一以寧，神得一以靈，谷得一以盈，侯王得一以爲天下正。其致之，天無以清將恐裂，地無以寧將恐發，神無以靈將恐歇，谷無以盈將恐竭，侯王無以爲正而貴高將恐蹷。故貴以賤爲本，高以下爲基。侯王自謂孤、寡、不穀，唯斯以賤爲本與！非耶？故造輿於無輿。不欲碌碌如玉，落落如石。（經）〔一〕反者，道之動；弱者，道之用。天地之物生於有，有生於無。

〔指歸〕：一者，道之子，神明之母，太和之宗，天地之祖。於神爲無，於道爲有，於神爲大，於道爲小。故其爲物也，虛而實，無而有，圓而不規，方而不矩，繩繩忽忽，無端無緒，不浮不沉，不行不止，爲於不爲，施於不與，合囊變化，負包分理。無無之無，始始之始，無外無內〔二〕，混混沌沌，芒芒汎汎，可左可右。虛無爲常，清靜爲主，通達萬天，流行億野。萬物以然，無有形兆，窅然獨存，玄妙獨處。周密無間，平易不改，混冥皓天，無所不有。陶冶神明，不與之同，造化天地，不與之處。稟而不損，收而不聚，不曲不直，不先不後。高大無極，深微不測，上下不可隱議，旁流不可揆度。潢爾舒與，皓然銲生，銲生而不與之變化，變化而不與之俱生。不生也而物自生，不爲也而物自成。天地之外，毫釐之內，稟氣不同，殊形異類，皆得一之一以生，盡得一之化以成。故得一者，萬物之所導而變化之至要也，萬方之準繩而百變之權量也。一，其名也；德，其號也；無有，其舍也；無爲，其事也；無形，其度也；反，其大數也；和，其歸也；弱，其用也。故，能知一，千變不窮，萬輪不失。不能知一，時凶時吉，持國者亡，守身者没。

是故昔之得一者：天之性得一之清，而天之所爲非清也。無心無意，無爲無事，以順其性；玄玄默默，無容無式，以保其命。是以陰陽自起，變化自正。故能剛健運動以致其高，清明大通，皓白和正，純粹真茂，不與物糅。（礭）〔確〕〔三〕然大易，乾乾光耀，萬物資始，雲蒸雨施，品物流形〔四〕，元首性命，玄玄蒼蒼，無不盡覆。地之性得一之寧，而地之所爲非寧也。無知無識，無爲無事，以順其性。無度無數，無愛無利，以保其命。是以山川自起，剛柔自正。故能信順柔弱，直方和正，廣大無疆，深厚清靜，萬物資生，無不成載。神之性得一之靈，而神之所爲非靈也。不思不慮，無爲無事，以順其性。無計無謀，無嚮無首，以保其命。是以消息自起，存亡自正。故老能復壯，死能復生，困能復達，廢能復榮。變化不極，反覆不窮，物類託之，不失其中。谷之性得一以〔五〕盈，而谷之所爲非盈也。不欲不求，無爲無事，以順其性。不仁不義，不與不施，以保其命。是以虛實自起，盛衰自正。故能蒸山流澤，以爲通德。涓涓不息，綿綿不絶，皓皓洋洋，修遠無極，以盈江海，深大不測。侯王之性得一之正，而侯王之所爲非正也。去心去志，無爲無事，以順其性。去聰去明，虛無自應，以保其命。是以和平自起，萬物自正。故能體道合德，與天同則。抱神履和，包裹萬物，聲飛化物，盈溢六合。德導天地，明照日月，制世御俗，宇内爲一。

凡此五者，得一行之，興而不廢，成而不缺，流而不絕，光而不滅。夫何故哉？性命自然，動而由一也。是故，使天有爲，動不順一，爲高得卑，爲清得裂。陰陽謬戾，綱弛紀絕。和氣隔塞，三光消滅。雷霆妄作，萬物皆失。使地有爲，動不順一，爲直得枉，爲寧得發。山川崩絕，剛柔卷折。氣化不通，五行毁缺。百穀枯槁，羣生疾疫。使神有爲，動不順一，爲達得困，爲靈得歇。變化失序，締滯消竭。盛衰者亡，弛張者殁。使谷有爲，動不順一，爲有得亡，爲盈得竭。虚實反覆，流澤不入。使侯王有爲，動不順一，爲貴得賤，爲正得蹶。亂擾迷惑，事由己出。百官失中，喪其名實。萬民不歸，天地是絕。

凡此五者，性命淳美，變化窮極，進退屈伸，不離法式。得一而存，失一而没。況乎非聖人而王萬民、廢法式而任其心者哉！是故，天人之道，物類化變，爲寡者衆，爲賤者貴，爲高者卑，爲成者敗。益之者損，利之者害。處其反者得其覆，爲所求者失所欲。是以，賢君聖主，勢在民上，爵尊天下，澤連萬物。德懷四海，道之所祐，天地所助，萬物所歸，鬼神所與。厲身起節，自謂孤寡，處卑守微，躬涉勞苦，損心挫志，務設民下。不爲貴，故擅民之命；不爲高，故常在民上；不欲也，故無所不有；不爲也，故無所不宰；萬物紛紜，身無所與，故能爲之本。

非獨王道，萬事然矣。夫工之造輿也，爲圓爲方，爲短爲長，爲曲爲直，爲縱爲横，終身揳揳，卒不爲輿，故能成輿，而令可行也。夫玉之爲物也，微以寡；而石之爲物也，巨以衆。衆故賤，寡故貴。玉之與石，俱生一類，寡之與衆，或求或棄，故貴賤在於多少，成敗在於爲否。是以聖人，爲之以反，守之以和，與時俯仰，因物變化。不爲石，不爲玉，常〔六〕在玉石之間。不多不少，不貴不賤，一爲綱紀，道爲楨榦。故能專制天下而威不可勝，全活萬物而德不可量。貴而無憂，賤而無患，高而無殆，卑而愈安。審於反覆，歸於玄默，明於有無，反於太初。無以身爲，故神明不釋；無以天下爲，故天下與之俱。夫何故哉？因道而動，循一而行。道之至數，一之大方，變化由反，和纖爲常，起然於否，爲存於亡。天地生於太和，太和生於虛冥。

〔一〕各校本皆無「經」字，衍。
〔二〕津逮本、學津本作「無內無外」。
〔三〕據津逮本改。
〔四〕津逮本、學津本作「品物流行」。周易乾卦彖辭作「品物流形」。指歸系引周易語。
〔五〕津逮本、學津本作「之」。
〔六〕津逮本、學津本作「當」，疑誤。

上士聞道篇

上士聞道，勤而行之；中士聞道，若存若亡；下士聞道，大笑之。不笑，不足以爲道。

故建言有之：明道若昧，進道若退，夷道若纇。上德若谷，大白若辱，盛德若不足，建德若偷，質真若渝。大方無隅，大器晚成，大音希聲，大象無形。道隱無名，夫唯道善貸且成。

〔指歸〕：道德天地，各有所章，物有高下，氣有短長。各樂其所樂，患其所患，見其所見，聞其所聞，取舍殁〔一〕繆，畏喜殊方。故鵜鶘高飛，終日馳騖，而志在乎蒿苗；鴻鵠高舉，逕歷東西，通千達萬，而志在乎陂池；鸞鳳翱翔萬仞之上，優游太清之中，而常以爲卑。延頸舒翼，凌蒼雲，薄日月，高翔遠逝，曠時不食，往來九州，棲息八極，乃得其宜。三者殊便，皆以爲娛。故無窮之原，萬尋之泉，神龍之所歸，小魚之所去。高山大丘，深林巨壑，茂木暢枝，鴻鳥虎豹之所喜，而鷄狗之所惡。悲夫！三代之遺風，（禍）〔二〕儒墨之流文，誦詩書，修禮節，歌雅頌，彈琴瑟，崇仁義，祖潔白，追觀往古，通明數術，變是定非，已經得失，身寧名榮，鄉人傳業：中士之所道，上士之所廢也。閑居幽思，强識萬物，設僞飾非，虚言名實，趨翔進退，升降跪集，治閨門之禮，偶時俗之際，傾側偃仰，務合當世，阿富順貴，下衆耳目，獲尊蒙寵，流俗是則：此下士之所履，而中士之所棄。故規矩不相害，殊性孰相安？賢聖不爲匹，愚智不爲羣。大人樂恬淡，小人欣於戚戚。堂堂之業而〔三〕不喻於衆庶，棲棲之事不悦於大丈夫。鳥獸並興，各有所趨。羣士經世，各有所歸。是以捐聰明，棄智慮，反歸真樸。游於太素，輕物傲世，卓爾不污。喜怒不嬰於心，利害不接於意，貴賤同域，存亡一度。動於不爲，覽於玄妙，精神平靜，無所章載，抱德含和，帥然反化：大聖之所尚，而上士之所務，中士之所眩惽，而下士之所大笑也。是故，中士所聞非至美也，下士所見非至善也。中士所眩，下士所笑，乃美善之美善者也。夫陳大言，舒至論，表自然，窮微妙，則中士眩而下士笑。浮言遊説，生息百變，起福與利，成功遂事，則中士論而下士覺。彼非喜兇而惡吉，貴禍而賤福也。性與之遠，情與之反，若處黄泉，聽視九天，遼遠絶滅，不能見聞而已矣。

故聖人建言曰「有之」。有之者，言道之難知，（推）〔惟〕〔四〕柄自然之歸，以統萬方之指者能有之，非庸庸者之所能聞也。夫何故哉？聖人之道，深微浩遠，魁魁忽忽，冥冥昭昭。虚無寂泊，萬物以往。纖微高大，無有形象。窮而極之，則知不能存也；要而約之，則口不能言也；推移離散，則書不能傳也。何則？進道若退，亡道若存，欲治天下，還反其身。靜爲虚户，虚爲道門，泊爲神本，寂爲和根，嗇爲氣容，微爲事功。居無之後，在有之前，棄捐天下，先有其身，養神積和，以治其心。心爲身主，身爲國心，天下應之，若性自然。

是故，夷道若纇，使正玄起，除其法物，去其分理。從民之心，聽其所有，滅其文章，平其險阻。折關破鍵，使姦自止，壞城散獄，使民自守。休卒偃兵，爲天下市，萬方往之，如川歸海。

德如谿谷，不施不與，不愛不利，不處不去。無爲而恩流，不仁而澤厚，長育羣生，爲天下母。

大白青青，常如驚恐，無制而勢隆，無寄而權重，德交造化，與天下爲友。出白入黑，不爲美好，逐功逃名，乃長昭昭。

盛德之人，敦敦悾悾，若似不足，無形無容。簡情易性，化爲童蒙，無爲無事，若癡若聾。身體居一，神明千之，變化不可見，喜欲不可聞，若閉若塞，獨與道存。

建德若偷，無所不成。塗民耳目，飾民神明。絶民之欲，以益民性。滅民之樂，以延民命。捐民服色，使民無營〔五〕。塞民心意，使得安寧。

質真若渝，爲民玄則。生之以道，養之以德。導之以精神，和之以法式。居以天地，照以日月。變以陰陽，食以水穀。制以無形，繫以無極。天下喁喁，靡不賓服，宇内康寧，萬物繁殖。若非其功，而非其德，大而似小，醇而似薄。

大方不矩，無所不包。方於不方，直於不直，無圻無堮，無法無式。不方不直，萬物自得。不直不方，天地自行。在爲之陰，居否之陽。和爲中主，分理自明。與天爲一，與地爲常。

是故，大器晚成，無所不有。變於無形，化於無朕，動而無聲，爲而無體。威德不可見，功業不可視。禍息於冥冥，福生於窅窅。寂泊而然，是謂至巧。萬物生之，莫知所從。勉勉而成，故能長久。

是以，大音希聲，告以不言。言於不言，神明相傳。默然不動，天下大通。無聲而萬物駭，無音而萬物唱。天地人物，無期俱和，若響應聲。

大象無形，大狀無容。進而萬物存，退而萬物喪，天地與之俯仰，陰陽與之屈伸。效之象之，若影隨形。

是知道盛無號，德豐無謚。功高無量，而天下不以爲大；德彌四海，而天下不以爲貴；光耀六合，還反芒昧。夫何故哉？道之爲化也，始於無，終於末，存於不存，貸於〔六〕不貸，動而萬物成，靜而天下遂也。

〔一〕津逮本、學津本作「殊」。
〔二〕「褐」字衍。津逮本、學津本無。
〔三〕津逮本、學津本無「而」。
〔四〕據津逮本、學津本改。
〔五〕津逮本、學津本作「爭」。
〔六〕津逮本、學津本作「而」。

老子指歸卷之二

道生一篇

道生一，一生二，二生三，三生萬物。萬物負陰而抱陽，冲氣以爲和。人之所惡，唯「孤」、「寡」、「不穀」，而王公以名稱。損之而益，益之而損，人之所教，亦我教之。強梁者不得其死，吾將以爲教父。

〔指歸〕：有虛之虛者開導稟受，無然然者而然不能然也；有虛者陶冶變化，始生生者而生不能生也；有無之無者而神明不能改，造存存者而存不能存也；有無者纖微玄妙，動成成者而成不能成也。故，虛之虛者生虛（虛）〔一〕者，無之無者生無（無）〔二〕者，無者生有形者。故諸有形之徒皆屬於物類。物有所宗，類有所祖。天地，物之大者，人次之矣。夫天人之生也〔三〕，形因於氣，氣因於和，和因於神明，神明因於道德，道德因於自然：萬物以存。故使天爲天者非天也，使人爲人者非人也。何以明之？莊子曰：夫人形（腐）〔臠〕〔四〕，何所取之？聰明感應，何所得之？變化終始，孰者爲之？由此觀之，有生於無，實生於虛，亦以明矣。是故，無無無始，不可存在，無形無聲，不可視聽，稟無授有，不可言道，無無無之無，始未始之始，萬物所由，性命所以，無有所名者謂之道。

道虛之虛，故能生一。有物混沌，恍惚居起。輕而不發，重而不止，陽而無表，陰而無裏。既無上下，又無左右，通達無境，爲道綱紀。懷壤空虛，包裹未有，無形無名，芒芒澒澒，混混沌沌，冥冥不可稽之，亡於聲色，莫之與比。指之無嚮，搏之無有，浩洋無窮，不可論諭。潢然大同，無終無始，萬物之廬，爲太初首者，故謂之一。

一以虛，故能生二。二物並興，妙妙纖微；生生存存，因物〔五〕變化；滑淖無形，生息不衰；光耀玄冥，無嚮無存；包裹天地，莫覩其元；不可逐以聲，不可逃以形：謂之神明。存物物存，去物物亡，智力不能接而威德不能運者，謂之二。

二以〔元〕〔無〕〔六〕之無，故能生三。三物俱生，渾渾茫茫，視之不見其形，聽之不聞其聲，搏之不得其緒，望之不覩其門。不可揆度，不可測量，冥冥窅窅，潢洋堂堂。一清一濁，與和俱行，天人所始，未有形朕圻堮，根繫於一，受命於神者，謂之三。

三以無，故能生萬物。清濁以分，高卑以陳，陰陽始別，和氣流行，三光運，羣類生。有形臠可因循者，有聲色可見聞者，謂之萬物。

萬物之生也，皆元於虛始於無。背陰向〔七〕陽，歸柔去剛，清靜不動，心意不作，而形容脩廣、性命通達者，以含和柔弱而道無形也。是故，虛無無形微寡柔弱者，天地之所由興，而萬物之所因生也；衆人之所惡，而侯王之所以自名也；萬物之源泉，成功之本根也。

故賢君聖主，以至尊之位、强大之勢，處孤寡，居不穀，逐所求〔八〕，逃所欲，去大爲小，安卑樂損。出無迹，入無朕，動於福先，静於禍始。無爲無事，天下自已。不視不聽，抱和以静。神明生息，形容自正。進退有常，不變其行。德化凌風，理於蒸庶。天地是祐，萬物是歸。

衆人則不然，見聞知病。見聞知病，合於成事，不覩未然之變，故貴堅剛。大權造勢，衆務不制。深度柔弱，遠絶微寡。動與道舛，静與天迕。神明潰濁，衆事並興。思慮迷惑，妄喜妄怒。福禧出門，妖孽入户。天網〔九〕以發，不可解之也。滂然禍生，愴爾覺悟，屈約而言卑，將死而辭善，雖欲改過爲新，反於微寡，自然不釋，與生路遠，破國亡家，禍及子孫。

故衆人之教，變愚爲智，化弱爲强，去微歸顯，背隱爲彰，暴寵爭逐，死於榮名。聖人之教則反之：愚以之智，辱以之榮，微以之顯，隱以之彰，寡以之衆，弱以之强〔一〇〕。去心釋意，務於無名，無知無識，歸於玄冥。殊塗異指，或存或亡。是以强秦大楚，專制而滅；神漢龍興，和順而昌。故强者離道，梁者去神，生主以退，安得長存？不求於己，怨命尤天，聖人悲之，以爲教先。書之竹帛，明示後人，終世反之，故罹其患。

〔一〕「虛」字衍。上文言「有虛者」，此處應是「虛之虛者生虛者」。

〔二〕「無」字衍。上文言「有無者」，下文言「無者生有形者」，此處應是「無之無者生無者」。
〔三〕津逮本、學津本作「夫天之生人也」，誤。
〔四〕「腐」，當作「臠」，形近而誤。下文言「有形臠可因循者，有聲色可見聞者謂之萬物」可证。
〔五〕怡蘭本作「無」。
〔六〕據怡蘭本、津逮本、學津本改。
〔七〕津逮本作「回」，誤。
〔八〕津逮本、學津本作「來」，誤。
〔九〕津逮本、學津本作「綱」。
〔一〇〕津逮本、學津本作「愚之以智，辱之以榮，微之以顯，隱之以彰，寡之以衆，弱之以强」。

至柔篇

天下之至柔，馳騁天下之至堅。無有入於無間。吾是以知無爲之有益。不言之教，無爲之益，天下希及之。

〔指歸〕：道德至靈而神明賓，神明至無而太和臣。清濁太和，至柔無形，包裹天地，含囊陰陽，經紀萬物，無不維綱。或在宇外，或處天內，人物借之而生，莫有見聞。毳不足以爲號，弱不足以爲名，聖人以意存之物也。故字曰至柔，名曰無形。是以，無形之物，不以堅堅，不以壯壯，故能弊天地，銷銅鐵，風馳電騁，經極日月，周流上下，過飄歷忽，安固翺翔，淪於無物。

何以効其然也？夫響以無聲不可窮，影以無形不可極，水以淖弱貫金石、沉萬物，地以柔順成大功、勝草木，舌耳無患，角齒傷折。由此觀之，柔弱弊堅，虛者馳實，非有爲之，自然之物也。是以，地狹民少，兵寡食鮮，意妙欲微，神明是守。與天相參，視物如子，德盛化隆，恩深澤厚。吏忠卒信，主憂將恐，累柔積弱，常在民後。被羞蒙辱，國爲雌下，諸侯信之，比於赤子，天下往之，若歸父母。人物同欲，威勢自起，强者不能凌，大者不能取。終始反覆，强弱變化，天地爲助，神明爲輔，時至不制，爲天下主。夫何故哉？以道柔弱而體微寡也。故地廣民衆，國富兵强，吏勇卒悍，主能將嚴。賞重罰峻，削直刻深，百官戰慄，若在君前。勢便地利，爲海内雄，輕敵樂戰，易動師衆。合變生奇，凌天侮地，諸侯執服，靡不懸命。威震境外，常爲梟俊，人憂物恐，威動天地。道德不載，神明是離，衆弱同心，萬民不附，身死國亡，族類流散。夫何故哉？體堅剛而積慉吝也。

夫道〔一〕以無有之有，通無間，遊無理，光耀有爲之室，澄清無爲之府，出入無外而無圻，經歷珠玉而無朕。何以效其然也？夫有形鎌利不入無理，神明在身，出無間，入無孔，俯仰之頃經千里。由此言之，有爲之爲，有廢無功；無爲之爲，成遂無窮，天地是造，人物是興。有聲之聲，聞於百里；無聲之聲，動於天外，震於四海。言之所言，異類不通；不言之言，陰陽化，天地感。且道德無爲而天地成，天地不言而四時行。凡此二者，神明之符，自然之驗也。

是以聖人，虛心以原道德，靜氣以存神明，損聰以聽無音，棄明以視無形。覽天地之變動，（勸）〔觀〕〔二〕萬物之自然，以覩有爲亂之首也，無爲治之元也，言者禍之户也，不言者，福之門也。是故，絕聖棄智，除仁去義。發道之心，揚德之意。順神養和，任天事地。陰陽奉職，四時馳騖，亂原以絕，物安其處。世主恬淡，萬民無事，教以不言之言，化以不化之化，示以無象之象，而歸乎玄妙。奄民情欲，順其性命，使民無知，長生久視。故我無言而天地無爲，天地無爲而道德無爲。三者並興，總進相乘。和氣洋溢，太平滋生。人物集處，宇内混同。禍門已閉，天下童蒙〔三〕。世無耻辱，不覩吉兇。知故窒塞，自然大通。家獲神明之福，人有聖智之功。

當此之時，主如天地，民如嬰兒。飲主之德，食主之和。陽出陰入，與道卷舒。君父在上，若有若無。天下惘惘，（味味）〔昧昧〕〔四〕喁喁。不知若轂，無爲若雛。生而不喜，死而不憂。閔閔輓輓，性命有餘。莫有求之，萬福自來。夫何故哉？人主不言，而道無爲也。無爲之關，不言之機，在於精妙，處於神微。神微之始，精妙之宗，生無根蒂，出入無門。常於爲否之間，時和之元。故可聞而不可顯也，可見而不可闡也，可得而不可傳也，可用而不可言也。柄而推之，要而歸之，易爲智（老）〔者〕〔五〕陳，難爲淺聞者言也。何則？廣大深遠，而衆人莫能及也；上而若反，而衆人莫能入也；淡淡濫濫，而世人莫能聞也；窅窅冥冥，而俗主莫能行也。

〔一〕怡蘭本、津逮本、學津本皆無「道」。
〔二〕據怡蘭本、津逮本、學津本改。
〔三〕津逮本、學津本作「蒙童」。
〔四〕據津逮本、學津本改。
〔五〕據怡蘭本、津逮本、學津本改。

名身孰親篇

名與身孰親？身與貨孰多？得與亡孰病？是故，甚愛必大費，多藏必厚亡。故知足不辱，知止不殆，可以長久。

〔指歸〕：我性之所稟而爲我者，道德也；其所假而生者，神明也；其所因而成者，太和也；其所託而形者，天地也。凡此數者，然我而我不能然也。故法象莫崇乎道德，稽式莫高乎神明，表儀莫廣乎太和，著明莫大乎天地。道德神明，常生不死；清濁太和，變化無窮。天地之道，存而難亡；陰陽之事，動而難終。

由此觀之，禍極於死，福極於生。是以聖人，上原道德之意，下揆天地之心。崇高顯榮，吉祥盛德，深閎浩大，尊寵窮極，莫大乎生。萬物陳列，奇怪珍寶，金玉珠璧，利深得巨，莫大乎身。禍世之匠，亂國之工，絶逆天地，傷害我身，莫大乎名。生憍長溢，困民貧國，擾濁精神，使心多欲，叛天違道，爭爲盜賊，天下不親，世多兵革，一人爲之，傷敗萬國，主死民亡，物蒙其毒，莫大乎貨。

故得之與亡，或病或利。得名得貨，道德不居，神明不留，大命以絶，天不能救。（夫）〔失〕名（夫）〔失〕〔一〕貨，道德是祐，神明是助，名顯自然，富配天地。故細身大名，未可與論至道也；輕身重國，未可與圖利也。夫無名之名，生我之宅也；有名之名，喪我之槖也。無貨之貨，養我之福也；有貨之貨，喪我之賊也。是故，甚愛其身，至建榮名，爲之行之，力之勢之，強迫情性〔二〕，以損其神。多積貨財，日以憍盈，憍亡之道，貨名俱終。故神明不能活，天地不能全也。

夫何故哉？道德之化，天地之數，一陰一陽，分爲四時，離爲五行〔三〕，綸爲羅網，設爲無間，萬物之性，各有分度，不得相干〔四〕。造化之心，和正以公，自然一槩，正直平均，無所愛惡，與物通同。剟長續短，損盈益虛，不足者養，有餘者喪，貪叨多積，自遺禍殃。不足不止，利心常起。智以詐愚，強以大取。自然均之，名利歸主。失之而憂，得之而喜。一喜一憂，魂魄浮遊；一憂一喜，神明去矣。身死名滅，禍及子孫。

故名利與身，若炭與冰，形性相反，勢不俱然。名終體極、身存世昌者，天下無之。是故，擾心猾意，用情事神，夙夜趨務，飾容治辭，憂懷衆庶，創事立功，勵身起節，以顯榮名：是損所以有身，而益所以亡身也。竭筋力，忍飢渴，犯寒暑，蹊危狹；薄衣惡食，不適口腹；迎朝送晚，被恥蒙辱；精奔神馳，汲汲不止；逆道干榮，多入爲有：危身以寧，貨積神亡，禍患自來，憍亡俱至。則是爲福以亡福，（來）〔求〕〔五〕利以去利。故成敗之事，在爲與否；存亡之道，在去與來。

是以，知足之人，體道同德，絶名除利，立我於無身。養物而不自生，與物而不自存。信順之間，足以存神，室家之業，足以終年。常自然，故不可殺；處虚無，故不可中；細名輕物，故不可汙；欲不欲，故能長榮。知止之人，貴爲天子，不以枉志；貧處巖穴，不以幽神；進而不以爲顯，退而不以爲窮。無禍無福，無得無喪，不爲有罪，不爲有功。不求不辭，若海若江，遊揚玄域，神明是通。動順天地，故不可危；殊利異害，故能常然。是以，精深〔六〕而不拔，神固而不脱，魁如天地，照如日月。既精且神，以保其身。知足而止，故能長存。此謂遯名而名我隨，逃利而利我追者也。

〔一〕據怡蘭本、津逮本、學津本改。

〔二〕津逮本、學津本作「强迫性情」。

〔三〕津逮本、學津本作「五形」。

〔四〕津逮本作「于」，疑誤。

〔五〕據怡蘭本、津逮本、學津本改。

〔六〕津逮本、學津本作「藏」。

大成若缺篇

大成若缺，其用不弊。大盈若沖，其用不窮。大直若屈，大巧若拙，大辯若訥。躁勝寒，靜勝熱。能靜能清，爲天下正。

〔指歸〕：道德無爲而神明然矣，神明無爲而太和自起，〔太和〕〔一〕無爲而萬物自理。或無根而生，或無足而走，或無耳而聽，或無口而鳴，殊類異倫，皆與之市。母愛其子，子愛其母，男女相兼，物尊其主。巢生而啄，胎生而乳，鳥驚而散，獸驚而聚。陰物穴〔二〕居，陽物巢處，火動炎上，水動潤下。萬物青青，春生夏長，秋成冬熟，皆歸於土。非有政教，物自然也。

由此觀之，爲不生爲，否不生否，明不生明，晦不生晦。不爲不否，不明不晦，乃得其紀也〔三〕。故大道坦坦，不出門户，其出彌遠，其知彌寡。道在於身，不在於野，化自於我，不由於彼。萬物常治，智慧不起。

是以聖人，柄和履正，治之無形。遊於虚廓，以鏡太清。遺魂忘〔四〕魄，休精息神。無爲而然，玄默而信。窅然蕩蕩，昭曠獨存。髣髴輓逮，其事素真。其用不弊，莫之見聞。夫何故哉？微妙周密，清靜以真，未有形聲，變化其元。開導如陽，閉塞如陰，堤墆如地，運動如天。文武玄作，盛德自分。

是以，盈而若冲，實而若虛。不顯仁義，不見表儀，不建法式，不事有爲。上欲不欲，天下自化。敦厚朴素，民如嬰兒，蒙蒙不知所求，茫茫不知所之。其用不窮，流而不衰。不耕自有食，不織自有衣，暑則靜於倮，寒則躁於裘。無有忌諱，與麋鹿居，被髮含哺，相隨而遊。主有餘德，民有餘財，化襲萬物，無所不爲。光景不見，獨玄有奇，天地人物，與之俱化，乘空載虛，與道徘徊。厲度四海，周流六虛，浩洋無窮，棲息至無。夫何故哉？直而若屈，正而若枉。世主爲聲，天下爲響。世主爲形，人物爲影。故不祀而天心和，不降席而正四海。故曰「大巧若拙」。

天道自卑。無律曆而陰陽和，無正朔而四時節，無法度而天下賓，無賞罰而名實得，隱武藏威，無所不勝，棄捐戰伐，無所不克。無號令而民自正，無文章而海內自明，無符璽而天下自信，無度數而萬物自均。是以（贏）〔嬴〕〔五〕而若絀，得之若喪。無鐘鼓而民娛樂，無五味而民食甘，無服邑而民美好，無畜積而民多盈。夫何故哉？因道任天，不事知故，使民自然也。

天地之道，一進一退而萬物成遂，變化不可閉塞，屈伸不可障蔽。故陰之至也，地裂而冰凝，清風飂冽，霜雪嚴嚴〔六〕，魚鱉蟄伏，萬物宛拳。當此之時，處溫室，臨爐火，重狐貉，裘毳綿，猶不能禦也。及至定神安精，動體勞形，則是理洩汗流，捐衣出室，暖有餘身矣。陽之至也，煎砂爛石，飛鳥絕，水蟲疾，萬物枯槁，江河〔七〕消竭。當此之時，人沉清泉，出衣絺綌，燕高臺，服寒石，猶不能任也。及至解心釋意，託神清靜，形捐四海之外，游志無有之內，心平氣和，凉有餘矣。

夫知故之爲術也，治人事，育羣形，德延天地，功配陰陽。及其生亂也，發於無形，起於無聲，與政卷舒，與化推移，得人如濕，逮人若陰，猶響應言，影不離形。爲之愈亂，治之益煩，明智不能領，嚴刑不能禁。是無爲者，有爲之君而成功之主也，政教之元而變化之母也。其除〔八〕禍亂，猶躁之勝寒而靜之勝暑也。是以聖人，去知去慮。虛心專氣，清靜因應，則天之心，順地之意。政舉化流，如日之光，禍亂消滅，若雲之除。天下象之，無所不爲，萬物師之，無所不事。

〔一〕據怡蘭本、津逮本、學津本補。

〔二〕津逮本、學津本作「冗」，疑誤。

〔三〕津逮本、學津本無「也」。

〔四〕怡蘭本、津逮本、學津本作「亡」。

〔五〕據怡蘭本、津逮本、學津本改。

〔六〕津逮本、學津本作「嚴凝」。

〔七〕怡蘭本、津逮本、學津本作「江湖」。

〔八〕津逮本、學津本作「餘」，疑誤。

天下有道篇

天下有道，却走馬以糞；天下無道，戎馬生於郊。罪莫大於可欲，禍莫大於不知足，咎莫大於欲得。知足之足，常足矣。

〔指歸〕：人之生也，懸命於君；君之立也〔一〕，懸命於民。君得道也，則萬民昌；君失道也，則萬民喪。萬民昌則宗廟顯，萬民喪則宗廟傾。故君者，民之源也；民者，君之根也。根傷，則華實不生；源衰，則流沫不盈。上下相保，故能長久。是以，世主得道，宇內不擾，諸侯賓服，百蠻雍喜，四海同風，兵革不起。徼捍之人，無所効其言；果壯之士，無所施其功，聰明辯智，隨澤而耕，駃騠騂騮，嬰輿而作。天下宴〔二〕閒，各樂其業。世惇俗厚，民人專一總，織而衣總，耕而食。天心和洽，萬物豐熟，嘉祥屢臻，吉符並集。非天降福，世主道德也。天子失道，諸侯不朝，谿異谷別，法制舛殊，四方背叛，力正〔三〕相凌，舉兵爭權，弱者爲（膚）〔虜〕〔四〕，强者爲君。是以天下，選將簡士，砥礪甲兵，懸烽烈火，四面相望，深姦大詐，謀於廟堂。作變生奇，結縱連横，輕車梟騎，輿敵相當。士馬生郊，歷年不還，化高詐力，政當首功。當此之時，飾養戎馬，不遑親戚，奔郊先至，常食菽粟。貪夫坐而爲宰，庸僕之徒畜而爲賊。百姓罷極，財殫力倦，長傜兵役，久而不息，時念歸家，悽愴慷慨，想親罷老，泣涕於外。慈父惠母，憂愁傷心，肝膽氣志，摧折於內。士卒雙〔五〕頭結踵，骸骨暴露，流離於中野者，不可勝計。道路憧憧，皆爲孤子，思慕號令〔六〕，踊泣而起。何罪蒼天，遭離〔七〕此咎！牝者無夫，幼稚無父。怨慟悲痛，不期而聚，大者爲率，中者爲宰。上下相護，中外相保，非有血脉，親如兄弟。總苗爲旌，穿地爲鼓，操兵便械，趨行案伍。常習〔八〕戰鬥，意議其主，至精相感，氣化相動。是以，天地鈐結，陰陽隔閉，星辰散亂，日月鬬蝕，詐逆萌生，災變并發。非天降禍，世主無道。

夫遭天之鴻命，繼先聖之後，貴爲天子，富有四海，爵尊寵極，莫與比列。布衣粗裘而天下以爲好，蔬食藜羮而天下謂之美。變世化俗猶風之靡草，民之從化猶魚之赴水。不務崇道廣德，修身正己〔九〕，憂勞元元，以承〔一〇〕祭祀，光顯祖考，業傳子孫，德與神明爭流，名與天地相保，反以驕奢取名，求勢不止，逆天迕地，無不凌侮。是以不訾之士，相嬌而起，輕舉深入，先到爲右。敵人遠至，莫與之交，黨離朋絶，中外不恃。身死國亡，宗廟崩弛，可欲之故，非天下之罪也。

是故，威勢尊寵，窮極民上，名號顯榮，覆蓋天下，而不知足者，獵禍之具而危亡之大數也。

夫道德神明，陶冶變化，已得爲人，保合精〔一一〕神，而有大形。動作便利，耳目聰明。游於昭曠之域，聽視天地之間。上觀自然之法式，下察古將之得失。鑿井而飲，耕田而食，長妻生子，與民相極。是足之足者也。何況乎萬乘之主、千乘之君哉〔一二〕！其可足亦明矣。

故不在於道也，利心常起，貪人壤土，欲人財寶，兼并不休，增加不已者，追患之大數而得咎之至要也。

自今及古，飛鳥走獸、含氣有類之屬，未有不欲得而全其性命者也。故居君者爲虜，居虎者爲鼠。名在青雲之上，身處黃泉之下。居牛馬之位者，無牛馬之患；託犬羊之列者，無犬羊之咎。是以，得道之主，建心於足，游志於止，辭威讓勢，孤特獨處。捐棄萬物，唯神是秉，身存名榮，久而不殆。天下歸之，無有不制。

〔一〕津逮本、學津本「人之生也」與「君之立也」二句均無「也」。

〔二〕怡蘭本、津逮本、學津本作「冥」。

〔三〕津逮本、學津本作「敀」。

〔四〕據怡蘭本、津逮本、學津本改。

〔五〕津逮本、學津本作「椎」。

〔六〕津逮本、學津本作「呼」。

〔七〕津逮本、學津本作「罹」。

〔八〕津逮本、學津本作「集」。

〔九〕津逮本作「已」，疑誤。
〔一〇〕怡蘭本、津逮本、學津本缺「承」。
〔一一〕津逮本作「情」，疑誤。
〔一二〕怡蘭本、津逮本、學津本作「或」，疑誤。

不出户篇

不出户，知天下；不窺牖，見天道。其出彌遠，其知彌少。是以聖人，不行而知，不見而名，不爲而成。

〔指歸〕：道德變化，陶冶元首，稟授性命乎太虛之域、玄冥之中，而萬物混沌始焉。神明（文）〔交〕〔一〕，清濁分，太和行乎蕩蕩之野、纖妙之中，而萬物生焉。天圓地方，人縱獸横，草木種根，魚沉鳥翔，物以族別，類以羣分，尊卑定矣，而吉凶生焉。由此觀之，天地人物，皆同元始，共一宗祖。六合之內，宇宙之表，連屬一體。氣化分離，縱横上下，剖而爲二，判而爲五。或爲白黑，或爲水火，或爲酸鹹，或爲徵羽，人物同類，或爲牝牡。凡此數者，親爲兄弟，殊形別鄉，利害相背，萬物不同，不可勝道。合於喜怒，反於死生，情性同生，心意同理。

何以言之？莊子曰：一人之身，俱生父母，四支九竅，（員）〔其〕〔二〕職不同，五臟六腑，各有所受。上下不相知，中外不相覩。頭足爲天地，肘膝爲四海，肝膽爲胡越，眉目爲齊楚。若不同生，異軀殊體，動不相因，靜不相待，九天之上，黃泉之下，未足以喻之。然而頭有疾則足不能行，胸中有病則口不能言，心得所安則耳目聰明、屈伸調利、百節輕便者，以同形也。人主〔三〕動於邇，則人物應於遠；人物動於此，則天地應於彼。彼我相應，出入無門，往來無戶。天地之間，虛廓之中，遼遠廣大，物類相應，不失毫釐者，同體故也。

是以，聖人不出於〔四〕戶，上原父母，下揆〔五〕子孫，危寧利害，反於死生之說，察於是非之理，通於利害之元，達於治亂之本。以己知家，以家知彼，事得其綱，物得其紀。動知所之，靜知所守，道德爲父，神明爲母，清靜爲師，太和爲友，天下爲家，萬物爲體。視彼如己，視己如彼，心不敢生，志不敢舉。捐棄知〔六〕故，絶滅三五，因而不作，巖居穴處。不殺羣類，不食生草，未成不服，未終不采，天地人物，各保其有。

夫原我未兆之時，性命所以，精神所由，血氣所始，身體所基，以知實生於虛，有生於無，小無不入，大無不包也。本我之生，在於道德。孕而未育，所以成形。至於出冥，以知深微纖妙和弱潤滑之大通也，無知無識無爲無事之有大功也。視我之爲嬰兒，至於壯大有知，以睹柔之生剛，弱之生强，小之生大，短之生長，愚之生智，晦之生明也。察我呼吸屈伸，以知損爲益首，益爲損元；進爲退本，退爲進根，福爲禍始，禍爲福先也。上陵仰阪，歷阻過險，形疲喘悸，勞而靜處，則神平氣和，中外相保，以知清靜虛無、無爲變化之大功也。四支九竅，趨務舛馳，異能殊形，皆〔七〕元一心，以知百方萬物利害之變皆生於主。稽之天地，驗之古今，動不相違，以知天地之道畢於我也。故，家者，知人之本根也；身者，知天之淵泉也。觀天不由身，觀人不由家，小近大遠，小知大迷。去家出户，不見天下；去身窺牖，不知天道；其出逾遠，其知益少；周流四海，其迷益甚；求之益大，功名益小。不視不聽，求知於己，天人之際，大道畢矣。

故，聖人不見一家之好惡而命萬家之事，無有千里之行而命九洲之變。足不上天而知九天之心，身不入地而知九地之意。陰陽進退，四時變化，深微隱匿，窅冥之事，無所遁之。何則？審内以知外，原小以知大，因我以然彼，明近以喻遠也。故聖人之爲君也，猶心之於我、我之於身也。不知以因道，不欲以應天，無爲以道世，無事以養民。玄玄默默，使化自得，上與神明同意〔八〕，下與萬物同心。動與之反，靜與之存，空虛寂泊，使物自然。

〔一〕據津逮本、學津本改。
〔二〕據津逮本、學津本改。
〔三〕怡蘭本、津逮本、學津本作「生」。

〔四〕津逮本、學津本無「於」。
〔五〕津逮本、學津本作「擦」。
〔六〕怡蘭本作「如」，疑誤。
〔七〕津逮本作「者」，疑誤。
〔八〕津逮本、學津本作「異」，疑誤。

老子指歸卷之三

爲學日益篇

爲學日益，爲道日損。損之又損之，至於無爲而無以爲。將欲取天下者，常以無事；及其有事，不足以取天下。

〔指歸〕：道德之化，變動虛玄。蕩蕩默默，汎汎無形，潢漭慌忽，渾沌無端。視之不見，聽之不聞，開導稟授，無所不存。功成遂事，無所不然。無爲之爲，萬物之根。由此觀之，不知之知，知之祖也；不教之教，教之宗也；無爲之爲，爲之始也；無事之事，事之元也。凡此數者，神明所因，天地所歸，玄聖所道，處士所傳也。

逮至仁義淺薄，性命不真。不覩大道，動順其心。陷溺知故，漸漬（憂）〔愛〕〔一〕恩。情意多欲，神與物連。深謀逆耳，大論迕心。非道崇知，上功貴名。是以，作術治數，集辭著文，載之篇籍，以教萬民。綱紀天地〔二〕，經緯陰陽，剖判人事，離散祖宗。淳樸變化，設僞萬方，轉移風俗，傾正敗常。改正易服，萬事盡彰，鐘鼓琴瑟，間以竽笙，升降進退，飾象趨翔。禮儀三百，威儀三千，分外並爭，興事偶文。以辯相詘，以巧相勝，毫舉毛起，益以無窮。是以天下背本去根，嚮末歸文，博學深問，家知户賢。甚者擬聖，以立君臣，同意者，無能而官；異心者，功大而亡。是以，天下騷騷，不遑其親；追習纖纖，務順其君。故和五味以養其口，肥香甘脆，不顧羣生；變五色以養其目，玄黄纖妙，不計民貧；調五音以養其耳，極鐘律之巧，不憂世淫；高臺榭，廣宫室，以養其意，不懼民窮；馳騁田獵以養其志，多獲其上，不順天心。凡此數者，非以爲善務也，以悦其君也。天下相放，養僞飾姦。消滅和睦，長暴之原。浸以爲俗，巧利爲賢。損民大命，以增民勢。傷人美性，以益民煩。當此之時，谿谷異君，四海各王〔三〕，尊名貴勢，强大爲右。忿爭相踰，力正任武，强者拘弱，衆者制寡。以〔乳〕〔亂〕〔四〕代治，以非圖是。臣弑其君，子弑其父。爭之愈大，莫之能守，求者甚衆，得之者寡。道路悲憂，盡言軍旅，詾詾謷謷，至相烹煮。夫何故哉？飾文益事，務以相序也。

是以聖人，釋仁去義，歸於大道，絶智廢教，求之於己。所言日微，所爲日寡，消而滅之，日夜不止。包以大冥，使民無耻。滅文喪事，天下自已。損之損之，使知不起。遁名亡身，保我精神。秉道德之要，因存亡之機。不爲事主，不爲知師。寂若無人，至於無爲。

天地自作，羣美相隨，萬物自象，百蠻自和。萬民〔五〕蚩疑，不知所之，隨明出入，託於四時。優游精神，不外心志。意中空虚，如木之浮，如壤之休，不識仁義，不達禮儀。心不知欲，志不知爲。行步蹎蹎，瞻視顛顛，語言默默，意氣玄玄。外似禽獸，中獨異焉。寂而不爲，若無君臣，不爲而治，敦厚忠慤，至於大安。神休精息，性命自全，萬物相襲，與道德鄰。夫何故哉？主無教令而民無聞也。

是以，將取天下，常於無事，不言爲術，無爲爲教〔六〕。無欲爲寶，不知爲要，能行以道，無不開導。釋虛反實，以極爲事。上知天高，下知地厚。明陰陽之分，知萬物之數。晝見星於天，夜見魚於川。耳比八風之調，目領羣獸之毛。此思慮之極也，無益於存。力什烏〔七〕獲，勢百孟賁，勇千夏育，威執三軍。進若光景，退若浮雲，擊如雷霆，不動若陰。此强之極，無益於勝。使日下之民皆執禮易，通詩書，明律比，知詔令。家一吏，里一令，鄉一倉，亭一庫。明察折中，强武求盜。天下重足而立，側目而視。父子不相隱，兄弟不相容。此事之極，無益於治。是故，以知知，與天相離；以爲爲，與天相奇；以事事，失天之意。爲國日益，百殘〔八〕盡備，爲而不成，求而不得，天下相驅，歸之於亂。

〔一〕據怡蘭本、津逮本、學津本改。
〔二〕津逮本、學津本作「天下」。
〔三〕怡蘭本、津逮本、學津本作「主」。
〔四〕據怡蘭本、津逮本、學津本改。
〔五〕怡蘭本、津逮本、學津本作「物」。
〔六〕津逮本、學津本作「無爲無教」。

〔七〕學津本作「鳥」，誤。
〔八〕津逮本、學津本作「錢」。

聖人無常心篇

聖人無常心，以百姓心爲心。善者吾善之，不善者吾亦善之，得善矣。信者吾信之，不信者吾亦信之，得信矣。聖人在天下，惵惵乎爲天下渾心。百姓皆注其耳目，聖人皆孩之。

〔指歸〕：道德無形而王萬天者，無心之心存也；天地無爲而萬物順之者，無慮之慮運也。由此觀之，無心之心，心之主也；不用之用，用之母也。何以明之？莊子曰：我之所以爲我者，豈我也哉？我猶爲身者非身，身之所以爲身者，以我存也。而我之所以爲我者，以有神也。神之所以留我者，道使然也。託道之術，留神之方，清靜爲本，虛無爲常，非心意之所能致，非思慮之所能然也。故知者之居也，耳目視聽，心意思慮，飲食時節，窮適志欲，聰明並作，不釋晝夜，經歷百方，籌策萬事，定安危之始，明去就之路，將以全身體而延大命也。若然，則精神爲之損，血氣爲之敗，魂魄離散，大命傷夭。及其寐也，心意不用，聰明閉塞，不思不慮，不飲不食。精神和順，血氣生息，心得所安，身無百疾。遭離兇害，大瘡以瘳，斷骨以續，百節九竅，皆得所欲。

夫以一人之身，去心則危者復寧，用心則安者將亡，而況乎奉道德，順神明，承天心，養羣生者哉！是以聖人，建無身之身，懷無心之心，有無有之有，託無存之存。上含道德之化，下包萬民之心。無惡無好，無愛無憎。不與兇人爲讎，不與吉人爲親。不與誠人爲媾，不與詐人爲怨。載之如地，覆之如天，明之如日，化之爲神。物無大小，視之如身。爲之未有，治之未然，絶禍之首，起福之元。去我情欲，取民所安，去我智慮，歸之自然。動之以和，導之以沖，上含道德之意，下得神明之心。光動天地，德連萬民，民無賦役，主無職員。俱得其性，皆有其神，視無所見，聽無所聞。遺精忘志，以主爲心。與之俯仰，與之浮沉。隨之卧起，放之屈伸。不言而天下應，不爲而萬物存。四海之内，無有號令，皆變其心。善者至於大善，日深以明；惡者性變，浸以平和；信者大信，至於無私；僞者情變，日以至誠；殘賊反善，邪僞反真，善惡信否，皆歸自然。

當此之時，溷沉太虚，霑溺至和，民忘心意，芒洋浮游，失其所惡，而獲其所求。與天進退，與道周流。非迫禁而去惡，非拘教〔一〕而後移也。無爲爲之，而變化不自知也。夫何故哉？世主之化，虚無寂寞，容如枯槁，心如橐籥，志如江海，施如谿谷。不别東西，不異南北，不（辯）〔辨〕〔二〕甘苦，不嫌白黑，不正方圓，不定曲直。詳於玄妙，務自隱匿，與物無治，浮游無極。廢我之所欲爲，裹〔三〕天之所欲得，萬物紛紛，皆（汪）〔注〕〔四〕其耳目。世主無爲，涣如儼容〔五〕，天地爲爐，太和爲橐，神明爲風，萬物爲鐵，德爲大匠，道爲工作，天下青青，靡不潤澤。故能陶冶民心，變化時俗，上無不包，下無不克，成遂萬物，無不斟酌。感動羣生，振駭八極，天下芒芒，不識美惡，玄效昧象，自成法式。

〔一〕津逮本、學津本作「散」，疑誤。
〔二〕據津逮本、學津本改。
〔三〕津逮本、學津本作「裹」。
〔四〕據怡蘭本、津逮本、學津本改。
〔五〕怡蘭本、津逮本、學津本作「客」。

出生入死篇

出生入死。生之徒十有三，死之徒十有三，而民生，動之死地十有三。夫何故？以其生生之厚。蓋聞善攝生者，陸行不避兕虎，入軍不被甲兵。兕無所投其角，虎無所措其爪，兵無所容其刃。夫何故哉？以無死地。

〔指歸〕：道德神明、清濁太和，渾同淪而爲體，萬物以形。形之所託，英英榮榮，不睹其字，號之曰生。

生之爲物，不陰不陽，不可揆度，不可測量。深微不足以爲稱，玄妙不足以爲名。光耀恍惚，無有形聲。無狀無象，動靜無方。游於虛寂之野，處於無有之鄉。得之者存，失之者亡。

夫生之於形也，神爲之蒂，精爲之根，營爽爲宫室，九竅爲户門。聰明爲侯使，情意爲乘輿，魂魄爲左右，血氣爲卒徒。進與道推移，退與德卷舒。翺翔柔弱，栖息虛無。屈伸俯仰，與時和俱。輕死與之反〔一〕，欲生與之仇。無以爲利則不可去，有以爲用則不可留。故無爲，生之宅；有爲，死之家也。

夫立則遺其身，坐則忘其心。澹如赤子，泊如無形。不視不聽，不爲不言，變化消息，動靜無常。與道俯仰，與德浮沉，與神合體，與和屈伸。不賤爲物，不貴爲人，與王侯異利，與萬性殊患。死生爲一，故不別存亡。此治身之無爲也。春生夏長，秋收冬藏。奉主之法，順天之命。内慈父母，外絶名利。不思不慮，不與不求。獨往獨來，體和襲順。辭讓與人，不與時爭。此治家之無爲也。尊天敬地，不敢（亡）〔忘〕〔二〕先。修身正法，去己任人。審實定名，順物和神。參伍左右，前後相連。隨時循理，曲因其當。萬物並作，歸之自然。此治國之無爲也。冠無有，被無形，抱空虛，履太清。載道德，浮神明，秉太和，驅天地。馳陰陽，騁五行，從羣物，涉玄冥。游乎無功，歸乎無名。此治天下之無爲也。

貪生利壽，唯恐不得。强藏心意，閉塞耳目。導引翔步，動摇〔三〕百節。吐故納新，吹煦呼吸。被服五星，飲食日月。形神並作，未嘗休息。此治身之有爲也。廢釋天時，獨任人事。賤强求貴，貧强求富。飢名渴勢，心常載求。衣食奢泰，事過其務。此治家之有爲也。富國兼壤，輕戰樂兵。底威起節，名顯勢隆。形嚴罰峻，峭直刻深。法察網周，操〔四〕毒少恩。諸侯畏忌，常爲俊雄。公强求伯，伯强求王。此治國之有爲也。祖孝悌，宗仁義，修禮節，教民知飾〔五〕。修治色味，以順民心。鐘鼓琴瑟，以和民志。主言臣聽，主動臣隨。表功厲行，開以恩厚。號令聲華，使民親附。諸事任己，。百方仰朝。此治天下之有爲也。

是故，虛、無、清、静、微、寡、柔、弱、卑、損、時、和、嗇，凡此十三，生之徒；實、有、濁、擾、顯、衆、剛、强、高、滿、過、泰、費，此十三者，死之徒也。夫何故哉？聖人之道，動有所因，静有所應。四支九竅，凡此十三，死生之外具也；虛實之事，剛柔之變，死生之内數也。故以十三言諸。

夫虛生充實，無生常存，清則聰達，静則内明，微生彰顯，寡則生衆，柔生剛健，弱生堅强，卑則生高，損則生益，時則通達，和則得中，嗇則有餘。是謂益生。能行此道，與天地同，爲身者久，爲國者長，雖欲不然，造化不聽。實生空虛，有生消亡〔六〕，濁則聽塞，擾則失明，顯則生微，衆則生寡，剛生柔聾，强生弱殃，高生卑賤，滿生損空，過則閉塞，泰則困窮，費則招禍：是俱不祥。有行此道，動而之窮。爲身不久，爲國不平。雖欲不然，天地不從。

而民皆有其生而益之不止，皆有其身而愛之不已，動歸有爲，智慮常起，故去虛就實，絶無依有，出清入濁，背静治擾，變微爲顯，化寡爲衆，離柔反〔七〕剛，廢弱興强，損卑歸高，棄損取盈，縱時造過，釋和作泰，將以有爲，除嗇施費。夫何故哉？大有其身而忘生之道也。

是故，攝生之士，超然大度，卓爾遠逝。不拘於俗，不繫於世。損形於無境，浮神於無內。不以生爲利，不以死爲害。兼施無窮，物無細大，視之如身，無所憎愛。精神隆盛，福德並會，道爲中主，光見於外。自然之變，感而應之，天地人物，莫之能敗。陸行則兕虎不能傷，入軍則五兵不能害。非加之而不能克，投之而不能制也，神氣相通，傷害之心，素自爲廢。夫何故哉？聲響相應，物從其類。兕虎不加無形，而五兵不（繫）〔擊〕〔八〕無質。攝生之士，賊害之心亡於中，而死傷之形亦亡於外也。

〔一〕津逮本、學津本作「友」。
〔二〕據津逮本、學津本改。
〔三〕津逮本、學津本作「握」。
〔四〕津逮本、學津本作「慘」。
〔五〕津逮本、學津本「教民知飾」作「飾民教」。
〔六〕津逮本、學津本作「忘」。
〔七〕津逮本、學津本作「及」。
〔八〕據津逮本、學津本改。

道生篇

道生之，德畜之，物形之，勢成之。是以萬物尊道而貴德。道尊德貴，夫莫之爵而常自然。道生之，德畜之，長之育之，成之熟之，養之覆之。生而不有，爲而不恃，長而不宰，是謂玄德。

〔指歸〕：聖智之術，不自天下，不由地出，內在於身，外在於物。督以自然，無所不通；因循效象，無所不竭。故，道虛德無，不失其心；天尊地卑，不違其節。何則？以有知無，由人識物。物類之無者生有，虛者生實，見微知著，觀始睹卒。非有巧能，自然之物，聖人因之，與天周密。是故，知道以太虛之虛無所不稟，知德以至無之無無所不授；道以無爲之爲品於萬方而無首，德以無設之設遂萬物之形而無事，故能陶性命，(治)〔冶〕〔一〕情意，造志欲，化萬事。

何謂性、命、情、意、志、欲？所稟於道，而成形體，萬方殊類，人物男女，聖智勇怯，小大脩短，仁廉貪酷，強弱輕重，聲色狀貌，精粗高下，謂之性。所授於德，富貴貧賤，夭壽苦樂，有宜不宜，謂之天命。遭遇君父，天地之動，逆順昌衰，存亡及我，謂之遭命。萬物陳列，吾將〔二〕有事，舉錯廢置，取舍去就，吉兇來，禍福至，謂之隨命。因性而動，接物感寤，愛惡好憎，驚恐喜怒，悲樂憂恚，進退取與，謂之情。因命而動，生思慮，定計謀，決安危，通萬事，明是非，別同異，謂之意。因於情意，動而之外〔三〕，與物相連，常有所悅，招麾禍福，功名所遂，謂之志。順性命，適情意，牽於殊類，繫於萬事，結而難解，謂之欲。

凡此六者，皆原道德，千變萬化，無有窮極，唯聞道德者，能順其則。性精命高，可變可易；性麤命下，可損可益；若得根本，不滯有無。是故，天地人物，含心包核，有類之屬，得道以生而道不有其德，得一而成而一不求其福。萬物尊而貴之，親而憂之而無報其德。夫何故哉？道高德大，深不可言，物不能富，爵不能尊，無爲爲物，無以物爲，非有所迫，而性常自然。

故道之爲物，窺之無户，察之無門，揗〔四〕之無體，象之無容，意不能盡而言不能通。萬物以生，不爲之損；物皆歸之，不爲之盈。上下不窮，廣大無涯，消息贏詘，不可度訾。游於秋毫，不以爲少；包裹萬天，不以爲多。青紫光耀，不爲易志；幽冥枯槁，不爲變化。運行並施，無所愛好；稟授性命，無所不爲。德流萬物而不可復，恩結澤締而不可歸。瞻足天下而不費，成功遂事而不衰。其於萬物也，豈直生之而已哉！生之形之，設而成之，品而流之，停而就之，終而始之，先而後之。既〔五〕託其後，又在其前，神明以處，太和以存，清以上積，濁以下凝。天以之圓，地以之方。陰得以陰，陽得以陽。日月以照，星辰以行。四時以變化，五行以相勝。火以之熱，水以之寒。草木以柔，金石以剛。味以甘苦，色以玄黃。音以高下，變以縱橫。山陵以滯，風雨以行。鱗者以游，羽者以翔。獸以之走，人以聰明。殊類異族，皆以之存；變化相背，皆以之亡。萬天殊狀，水土異形，習俗相違，利害不同，容貌詭謬，意欲不通，陰陽所不能及，日月所不能明，皆以之始，皆以之終。開口張目，屈伸傾側，俯仰之頃，喘息之間，神所經歷，心意所存，恩愛所加，雌雄所化，無所不導，無所不爲。生之而不以爲貴，爲之而不以有求，長之而無以爲有。天下迷惑，莫之能知。

或曰：道德，天地之神明也；天地，道德之形容也。何以明之？道德包萬天也。莊子曰：夫天地有類而道德無形。有類之徒，莫不有數；無形之物，無有窮極。以有數之物託於無窮，若草木離土，衆星離天，不足以喻焉。而謂之不然，則是不通乎有無相包，虛實相含。猶瓜瓠之瓣，不覩區蔓之有鄰也；蟣虱藏於裘褐，不知都邑之多人也。是故，宇宙之外，營域之內，拘以無禁，束以無制，安危消息，無有中外。同風共指，和順仰制，全活姣好，靡有傷敗。百祥萬福，道爲之蓋。功玄事冥，不（開）〔聞〕〔六〕於世，天下莫見，爲而不廢。

〔一〕據津逮本、學津本改。
〔二〕津逮本、學津本作「擇」。
〔三〕怡蘭本、津逮本、學津本無「外」。
〔四〕津逮本、學津本作「指」。
〔五〕怡蘭本、津逮本、學津本「既」字之後皆有「而」字。

〔六〕據怡蘭本、津逮本、學津本改。

天下有始篇

天下有始，以爲天下母。既得其母，以知其子。既知其子，復守其母，没身不殆。塞其兑，閉其門，終身不勤。開其兑，濟其事，終身不救。見小曰明，守柔曰强。用其光，復歸其明。無遺身殃，是謂襲常。

〔指歸〕：夫道之爲物，無形無狀，無心無意，不忘不念，無知無識，無首無向，無爲無事，虚無澹泊，恍惚清静。其爲化也，變於不變，動於不動，反以生覆，覆以生反，有以生無，無以生有，反覆相因，自然是守。無爲爲之，萬物興矣；無事事之，萬物遂矣。是故，無爲者，道之身體而天地之始也。

無爲微妙，周以密矣；滑淖安静，無不制矣；生息聰明，巧利察矣；通達萬方，無不溉矣。故曰：有爲之元，萬事之母也。聖人得之，與物反矣。故能達道之心，通天之理，生爲之元，開事之户，因萬方之知，窮衆口之辯，盡異端之巧，竭百家之伎。（且）〔王〕〔一〕道人事，與時化轉，因之修之，終而復始。變化忽然，通神使鬼，形於無形，事無不理。窮於無窮，極乎無有，以能雕琢，復反其母。既覆又反，爲天下本，遊於玄冥，終身不殆。故能塞其聰明，閉其天門，関之以舌，鍵之以心。非時不動，非和不然，國家長久，終身無患。夫何故哉？不聽之(問)〔聞〕〔二〕，與天同聰；不視之見，與天同明；不言之化，與天同德；不爲之事，與天同功。所守者要，所然者詳，道德之明不蔽，而天地之慮達通。故能響應影隨，照物不窮。爲福元始，爲化祖宗。周流蔓延，淪於大中。身存物順，天下不勤。

故力視損明，力聽損聰，疾言沮德，巧〔三〕僞敗功。是故，口以大開，耳目急張，知故並起，萬物孳蕃。奮心揚慮，顯遂功名，名成功遂，禍至福終。動罹天網，靜陷地殃，神明不能祐，造化不能生，庶人没命，國家以喪。是以聖人，退爲之爲，去事之事，體道之心，履德之意。統無窮之極，秉自然之要，翔於未元，集於玄妙。聽作未聞，明作未見，萌芽未動，朕圻未判，昭然獨覩，無形之變。通於無表，達於無境，毫毛之惡不得生，赫赫之患不得至。爲之行之，絶言滅慮，積柔體弱，反於無識。誅暴救寡，與神同化，無敵之不勝，無事之不爲。知力不得加，天下不能謀，治人理物，與陰陽配。內用其光而外不違衣食，耕稼桑織有餘，福積禍消，人給家贍〔四〕，心不載求，賤不望貴，貧不幸富。纖微尊儉，內外不過，奉上養下，人道盡備。復歸其內，神明不耗，槃積固畜，不敢以爲。智如江海，與天同慮，絶滅三五，(害)〔害〕〔五〕之以事，填而塞之，使不可識。爲瘴〔六〕爲龍〔七〕，與天地同；爲玄爲默，與道窮極；去兇離咎，違患廢賊；浮德載和，無所不剋。

故人能入道，道亦入人，我道相入，淪而爲一。守靜至虛，我爲道室。與物俱然，渾沌周密。反初歸始，道爲我襲。

〔一〕據怡蘭本、津逮本、學津本改。
〔二〕據怡蘭本、津逮本、學津本改。
〔三〕津逮本、學津本作「功」。
〔四〕怡蘭本、學津本作「贍」。
〔五〕據怡蘭本、學津本改。
〔五〕怡蘭本、學津本作「痏」。
〔六〕怡蘭本、學津本作「聾」。

行於大道篇

使我介然有知，行於大道，唯施是畏。大道甚夷，而民好逕。朝甚除，田甚蕪，倉甚虛；服文采，帶利劍，厭飲食。財貨有餘，是謂盜誇。非道哉！

〔指歸〕：道德不爲智〔一〕巧，故能陶冶天地，造化陰陽，而天地不能欺也。天地不爲知〔二〕巧，故能含吐變化，殺生羣類，而萬物不能逃也。道釋自然而爲知巧，則心不能自存，而何天地之所能造，陰陽之所能然也？天地釋自然而爲知巧，則身不能自生，而何變化之所包，何萬物之所能全？故虛無無爲無知無欲者，道德之心而天地之意也；清靜効象無爲因應者，道德之動而天地之化也。

何以明之？莊子曰：道之所生，天之所興。始始於不始，生生於不生。存存於不存，亡亡於不亡。凡此數者，自然之驗、變化之常也。故人之動作，不順於道者，道不祐也；不順於德者，德不助也；不順於天者，天不覆也；不順於地者，地不載也。夫道德之所不祐助，天地之所不覆載，此患禍之所不遠而福德之所不近也。

是以，玄聖處士，負達抱通，提聰挈明，順道奉德，棄知亡身，厲志憂畏，唯恐蹉跌。故勉於巧不巧之巧，務於明不明之明。信順柔弱，躬耕而食。常於止足，歸乎無名。戰戰慄慄，恐失自然，患至天地，禍及人民。是以，吉祥之應，福德之至，如影之與〔三〕形，響之應聲，非有期會，動若俱生。是故，大道甚夷，其化無形，若遠而近，若晦而明。平夷而無穢，要約而易行。無爲而功成，無事而福盈。天地由之，萬物以生。而民背之，用其聰明。任僞廢道，反地逆天，尊知貴巧，欺鬼侮神。飾治邪淫，歸僞去真，創作改制，起事遂功。豐屋榮觀，大户高門，飾以奇怪，加以采文。以知爲准，以巧爲繩，詐爲之斧，僞爲之斤。秉術操數，簡織賤耕。田穢不修，（蓢）〔莨〕〔四〕莠並生。田苗不起，囷倉虚空。衣重五（米）〔采〕〔五〕，錦繡玄黃，冰紈綺縠，靡麗光輝〔六〕。利劍堅甲，强弩勁弓，輕車駿馬，多俠兇人。權重名顯，威勢流行，伐殺（絶）〔鄉〕〔七〕里，臣役細民。姤廉嫉讓，疾忠毒信，結邪連僞，與善爲怨。尚爭貴武，無不浸凌，使通境外，常議弑君。食重五味，殘賊羣生，刳胎殺轂，逆天之心。居常醉飽，取求不厭〔八〕，多藏金玉，畜積如山。所有珍寶，擬於人君，出入奇異，榮盛光顯。離衆絶俗，超然獨存，亂世高之，稱爲大人。過衆惡大，罪重禍深，賢父不畜，明主不臣。道所不祐，神所不在，天所不覆，萬物所怨。有人若此，喪之受禍，生之受患，身苟不獲，事及子孫。

〔一〕怡蘭本作「知」。
〔二〕津逮本、學津本作「智」。下同。
〔三〕津逮本、學津本作「於」。
〔四〕怡蘭本作「郎」，據津逮本、學津本改。
〔五〕據怡蘭本、津逮本、學津本改。
〔六〕怡蘭本、津逮本、學津本作「輝光」。
〔七〕據怡蘭本、津逮本、學津本改。
〔八〕津逮本、學津本作「取」。

善建篇

善建者不拔，善抱者不脱，子孫祭祀不輟。修之於身，〔其德乃真〕〔一〕；修之於家，其德有餘；修之於鄉，其德乃長；修之於國，其德乃豐；修之於天下，其德乃普。故以身觀身，以家觀家，以鄉觀鄉，以國觀國，以天下觀天下。吾何以知其然哉？以此。

〔指歸〕：天地之間，廣大修遠，殊風異俗，物類衆巨，變化無窮，利害謬詭，故能不能制，而爲不能爲也。我爲天下，而天下亦爲我，彼我相遇，則彼衆而我寡，以寡遇衆，則衆寧寡殆。故，以己知立，則知奪之；以己巧立，則巧伐之；以己力立，則力威之。唯無所爲，莫能敗之。何以効其然也？夫默而求響，響不我應；託陰求影，影不我從；畏響而扣金，響愈我應；惡影而處陽，影益我從。由此觀之，無爲不能遁福，有爲不能逃患。是以，聖人去力，去巧，去知，去賢。建道抱德，攝精〔三〕畜神，體和襲弱，履地戴天。空虛寂泊，若亡若存，中外俱默，變化於玄。無爲無事，反樸歸真，無法無度，與變俱然。抱小託大，牧養萬民，方圓先後，常與身存。體正神寧，傳嗣子孫。德積化流，洋溢無窮，衰而復盛，與天俱終。故治之於身，則性簡情易，心達志通，遠所不遠，明所不明。重神愛氣，輕物細名，思慮不惑，血氣和平。筋骨便利，耳目聰明，肌膚潤澤，面理有光。精神專固，生生青青，身體輕勁，美好難終。治之於家，則夫信婦貞，父慈子孝，兄順弟悌，九族和親。耕桑時得，畜積殷殷，六畜蕃殖，事業修治，常有餘財，鄉邑願之。治之於鄉，則睹綱知紀，動合中和，名實正矣。白黑分明，曲直異理，是非自得，姦邪不起。威嚴尊顯，令行禁止，奉上化下，公若父子，敬愛信嚮，上下歡喜。百姓和集，官無留負，職修名榮，稱爲君子，常有餘德，沒身不殆。治之於國，則主明臣忠，朝不壅賢，士不妬功，邪不蔽正，讒不害公。和睦順從，上下無怨，百官樂職，萬事自然。遠人懷慕，天下同風，國富民實，不伐而疆。宗廟尊顯，社稷永寧，陰陽永合，禍亂不生。萬物豐熟，境内大寧。鄰家託命，後世蕃昌，道德有餘，與天爲常。治之於天下，則主陰臣陽，主靜臣動，主圓臣方，主因臣唱，主默臣言。正直公方，和一大通，平易無爲，寂泊無聲。德馳相告，神騁相傳，運動無端，變化若天。不行而知，不爲而成，功與道倫，宇内反真，無事無憂，太平自興。

是故，我身者，彼身之尺寸也；我家者，彼家之權衡也；我鄉者，彼鄉之規矩也；我國者，彼國之準繩也；人主者，天下之腹心也；天下者，人主之身形也。故天下者與人主俱利俱病、俱邪俱正。主民俱全，天下俱然。家國相保〔三〕，人主相連。苟能得已，天下自然。故，可以知我者，無所不知；可以治我者，無所不治；便於我者，無所不可；利於我者，無所不宜。不可於我而可於彼者，天下無之。

〔一〕據怡蘭本補。

〔二〕津逮本、學津本作「情」。

〔三〕津逮本、學津本無「主民俱全，天下俱然。家國相保」。

老子指歸卷之四

含德之厚篇

含德之厚，比於赤子，毒蟲不螫，攫鳥不搏，猛獸不據。骨弱筋柔而握固，未知牝牡之合而峻作，精之至。終日嗥而嗌不嗄，和之至。知和曰常，知常曰明，益生曰祥，心使氣曰强。物壯則老，謂之非道，不道早已。

〔指歸〕：道德虛無，神明寂泊，清濁深微，太和滑淖。聽之寂寥，視之虛易，上下不窮，東西無極。天不能裹，地不能囊，規不能圓，矩不能方，度不能度，而量不能量。金玉不能障蔽，水火不能墮落，萬物莫之能領，患禍莫之能作。沉浮翺翔，渾沌磅礴，心無所棲，形無區宅。陶冶稟授，萬天以作，羣物得之，滋滋啞啞。知慮不能得，有爲不能獲，思之逾遠，爲之益薄。執之不我擒，縱之不我釋。唯無欲者，身爲之宅，藏之於心，故曰「含德」。

夫德之在人猶父母之於身也；其於萬物，猶珠玉之與瓦鉛也。是以，含德之士，重身而輕天下，猶慈父孝子，不以其有易其鄰。大身而細物者，猶良賈察商，不以珠玉易瓦鉛也。其無欲也，非惡貨而好廉也，天下之物莫能悅其心也；其爲虛也，非好靜而惡擾也，天下之事莫足爲也。夫何故哉？所有重而天下輕也。明於輕重之稱，通於利害之變，故萬物不能役，而天下不能傜也。故不爲虛而虛自起，不爲靜而靜自生，不休神而神自定，不和氣而氣自平。是以，不聽而聞無聲之聲，不視而見無形之形，不思而領是非之意，不慮而達同異之鄉。神淪天地，德尊陰陽，不請福而天地祐之，不辭禍而（不）〔患〕〔一〕害去之，不殺戮而天下畏之，不施與而天下愛之。鼓腹而樂，俯仰而娛，食草而美，飲水而甘。喬木之下精神得全，巖穴之中心意常歡（欣）〔二〕。貧樂其業，賤忘其卑，窮而恬死，困而忘危。功與地配，德與天齊，反愚歸樸〔三〕，比於嬰兒。

是故，建身爲國，誠以赤子爲容，則是天下尊道貴德，各重其身，名勢爲垢，萬物爲塵。貪夫逃爵，殘賊反仁，積柔集弱，唯德是修。而作福生亂者有何由然？悲夫！天地之道，深以遠，妙以微，能識〔四〕之者寡，行之者希，智惠不能得，唯赤子能體之。

夫赤子之爲物也，知而未發，通而未達，能而未動，巧而居拙。生而若死，新而若弊，爲於不爲，與道周密。生不生之生，身無身之身，用無用之用，聞無聞之聞。無爲無事，無意無心，不求道德，不積精神。既不思慮，又無障截，神氣不作，聰明無識。柔弱虛靜，魂魄無事。樂無樂之樂，安無欲之欲。生不枉神，死不幽志。故能被道含德與天地同則，蜂蠆虫蛇無心施其毒螫，攫鳥猛獸無意加其攫搏。骨弱筋柔，握持堅固。不睹牝牡，陰陽以化。精神充實，人物並歸。啼號不嗄，可謂志和。

爲之行之，與道爲常。執之守之，時日聰明。旬月〔五〕生息，動合百祥。心意玄〔六〕作，氣順堅强。無所爲，故無所不克；無所欲，故動無所喪〔七〕。自然通達，衆美萌生，天地愛祐，禍亂素亡。夫何故哉？以含德和神而體童蒙也。及其有知也，去一而之二，去晦而之明。身日飾而德日消，智逾多而迷益深。故重天下而輕其神，貴名勢而賤其身。深思遠慮，離散精神。背柔棄弱，力進堅剛。陷於欲得，溺於求生。開於危殆，塞於萬全。故福如天地，視而不能見；禍若雷霆，聽而不能聞。出無入有，日造禍殃〔八〕。動而之窮，爲而之亡。修身愛國，爲國不祥。祭燎而天地是伐，禱祀而鬼神是喪。非命之罪，事物自當也。

〔一〕據津逮本，學津本改。
〔二〕怡蘭本無「欣」，津逮本、學津本無「歡」。
〔三〕津逮本、學津本作「昧」。
〔四〕津逮本、學津本作「誠」。
〔五〕津逮本、學津本「旬月」作「自然」。
〔六〕津逮本、學津本作「互」。
〔七〕津逮本、學津本作「作」。

〔八〕津逮本作「殊」。

知者不言篇

知者不言，言者不知。塞其兑，閉其門，挫其鋭，解其忿，和其光，同其塵。是謂玄同。不可得而親，不可得而踈；不可得而利，不可得而害；不可得而貴，不可得而賤。爲天下貴。

〔指歸〕：道無常術，德無常方，神無常體，和無常容。視之不能見，聽之不能聞。既不可望，又不可搦。故達於道者，獨見獨聞，獨爲獨存。父不能以授子，臣不能以授君。猶母之識其子，嬰兒之識其親也。夫子母相識，有以自然也。其所以然者，知不能陳也。五味在口，五音在耳，如甘非甘，如苦非〔一〕苦，如商非商，如羽非羽，而易牙師曠有以别之。其所以别之者，而口不能言也。故無狀之狀，可視而不可見也；無象之象，可効而不可宣也；無爲之爲，可則而不可陳也；無用之用，可行而不可傳也。是故，得道之人，見之如子之識親，履之如地，戴之若天。被之服之，體之如身。爲之行之，與之浮沉，與之卧起，與之屈伸。神與化游，志與德運。聰明内作，外若聾盲，思慮玄〔二〕起，狀若癡狂。口不能言而意不能明也。譬猶梦爲君王，履危臨深，憂喜相反，中心獨然，覺而道之，不能以喻其鄰也。失道之人則不然，見其外不睹其內，識其流不獲其源，秉其末不窮其根。然其所以然，不然其所不然。故道在於外不在於身。中主不定，守不固堅，心狐志疑，情與物連。聰明玄耀，以僞爲真，若是若非，若亡若存。和氣易動，若病在人，陽泄神越，惡默好言。方言之時，心有所慮，志有所思，聰明並外，精神去之。音聲內竭，外實有餘，道德離散，日日遠之。言之益疾而己愈不見，造之益衆而己愈不知。是故，言者，逆道之要也，而距德之數也，反天之匠，覆地之具也。是故，得道之士，損聰棄明，不視不聽，若無見聞；閉口結舌，若不知言。挫其鋭，釋其所之，意無所守，廓似無身。解其所思，散其所慮，奄若不知，匿若獨存。滅禍無首，反於太素，容貌不異，服色不詭。因循天地，與俗變化，深入大道，與德徘徊。無言以言言，無爲以爲爲，清静以治己，平和以應時。與世渾沌，與俗玄同。要物之本，秉事之根，獨與衆異，天下莫聞。游於親疎之户，翺翔利害之門。浮於貴賤之野，固守我之精神。遁隱無形之境，放佚荒蕩之鄉，貧賤不以爲辱，富貴不以爲榮。欲隱而隱，欲彰而彰，陰陽不能損益，人主不能蔽明。魁然獨立，卓爾無雙，聲色不能悦，五味不能甘，萬物不能與之爭，知力不能與之訟。無取無與，無得無去，閉門杜户，絶端滅緒。神明爲制，道爲中主，動與化鄰，静與然交。和順時得，故能長久，佚蕩無常，莫能先後。故好之不能近，惡之不能遠，賞與不能加，賦税不能取，爵禄不能高，貧賤不能下。無奈萬物何，故萬物不能役；無以天下爲，故天下不能有也。

〔一〕津逮本、學津本作「未」。
〔二〕津逮本、學津本作「互」。

以正治國篇

以正治國，以奇用兵，以無事取天下。吾何以知其然哉？天下多忌諱，而民彌貧；民多利器，國家滋昏；人多伎巧，奇物滋起；法令滋彰，盜賊多有。聖人之言云：我無爲而民自化，我無事而民自富，我好靜而民自正，我無欲而民自樸。其政悶悶，其民諄諄；其政察察，其民缺缺。禍兮福之所倚，福兮禍之所伏。孰知其極！其無正，正覆爲奇，善復爲妖。人之迷，其日固久矣。

〔指歸〕：道德之情，正信爲常。變化動靜，一有一亡。覆載天地，經緯陰陽。紀綱日月，育養羣生，逆之者死，順之者昌。故天地之道，一陰一陽。陽氣主德，陰氣主刑，刑德相反，和在中央。春生夏長，秋收冬藏，終而復始，廢而又興。陽終反陰，陰終反陽，陰陽相反，以至無窮。

故王道人事，一柔一剛，一文一武，中正爲經。剛柔相反，兵與德連；兵終反德，德終反兵，兵德相保，法在中央。法數相參，故能大通。是以明王聖主，損欲以虛心，虛心以平神，平神以知道，得道以正心，正心以正身，正身以正家，正家以正法，正法以正名，正名以正國。正國綱紀，分明察理，元元本本，牽左連右，參伍前後，物如其所。正名以覆[一]實，審實以督名。一名一實，平和周密，方圓曲直，不得相失。賞罰施行，不贏不縮，名之與實，若月若日。一名正而國家昌，一名奇而國家役。養國之密，無有所常，屈伸取與，與時俱行。繼亂任法，遭逆[二]任兵，守平以道，體德爲常。大小相遇，以正相望。失正則化之，不從則禁之，不止則制之，不伏則伐之。

若夫小國迫於大國之間，遭無道之君，以正事之不可，則去之；去之不可，則割地而予之；予之不可，則率衆而避之；避之不可，則杖策而遁之；遁之不可，則患及萬民，禍將及我，故奮計而圖之。是爭之所爲起而兵之所爲生也。吾欲選將練士，砥礪甲兵，積糧高壘，營而自守，百姓靡弊，國家虛空。是戰之所爲作也，而正之所爲與也。吾欲以正入，則我寡而彼衆，我弱而彼强。如卵投石，爲敵受殃。三軍必敗，士卒死傷。天心不得，宗廟滅亡。下悲萬民之命，上畏天地之心。是權之所爲動也，而奇之所爲運也。故建反往之計，招覆來之事，開萬民之心，生諸侯之謀。明我道德之祐，闡我天地之助，以渾四海之心，同萬國之意。百姓應我若響，鄰國隨我若影，飛鳥走獸與我俱往。是計之所爲用，而奇之所爲行也。

上順道德之意，下合天地之心，危寧利害，視民若身。體無形之形，處太陰之陰，發無爲之爲，揚無聲之聲。異彼滅化之罪，明彼逆天之功，顯天之所降，見地之所生。有名無實，有實無名，名實相違，或正或傾。縱横反覆，合於冥冥，天災自起，妖孽自生。離其父子，絶其弟兄，殺其兇將，戮其忠臣，天下怨恨，莫與同心。魁然獨立，受天之兵〔三〕，戰勝大喜，四海安寧。此用奇之上也。

惰天下之怒，積能奇之人。飛耳游目，延聰益明。游士四達，結友合親。生息變怪，因道應姦。飾權養勢，以實其民。飛言僞事，以惑敵人。卑辭降下，以閉其君。輕使重利，以開其臣。君臣有隙，因制其神。變作於陰，權動於微。懸其死命，因其樞機。使敵狂惑，不得有爲。隨時進退，無有常儀。不攻而敵自詘，不戰而敵自危。尅其君不及其臣，誅其將不及其師。戰勝民喜，諸侯畏之。此用奇之次也。

制其地形，御其君臣，卑體重賞，以順其外，陰謀雲布，以亂所親。姦從彼來，道從此興，數城而封將，連國以予姦，姦來如鬼，謀計如神。方略不測，奇變不窮，分彼之力，疑彼之心。如出於地，若生於天，離其左右，散其所連。起權生變，以制其死，阻其計謀，使不得信。折其强輔，以孤其志，因形立勝，如環無端。乘時而發，和爲之恒，動攻其害，靜絶其糧。褫而奪之，飢而渴之，重而累之，水而火之，勞而苦之，凍而暍之，利而誘之，狂而惑之，卒而迫之，窘而薄之。從高擊下，以衆制寡，堅校部曲，官隊相伍。上護其下，下救〔四〕其上，三軍相保，親如父子。奇陣分合，隱伏參處。營前經後，陵左敗右，耀以旌旗，惑以金鼓。進如波騰，退如風雨，發如崩潰，合戰如虎。守不可攻，攻不可守，戰勝威行，天下大恐。此用奇之下也。

禍亂既夷，萬物豐寧，天心大得，宇内欣欣。藏奇損智，忠信爲務，清靜簡易，退事止言。夫何故哉？道德變化，無所不生。物有高下，指嚮不同。趨舍殊繆，或西或東。各推其性，以活其身。古人以善足，兇人以惡傳，誠人以信顯，邪人以僞容。各効其知，以避禍兇。求而不贍，智者詐生。勞而不息，忠者起姦。拘迫慘怛，信者馳謾。窮困不已，賢者不仁。故主好知，則民僞；主好利，則民禍；主好賞，則民困；主好罰，則民怨。何則？事由〔五〕於主，行之在臣；賞出於主，財出於民；法出於主，受之在臣；主有所欲，天下嚮風。

故用心思公，不若無心之大同也；有欲禁過，不若無求之得忠也；喜怒時節，不若無爲之有功也；思慮和德，不若無事之大通也；明於俞跗之術、岐鵲之數以治之，不若使世無病之德豐也；挾黃帝太公之慮，秉孫吳氏之要以勝之，不若使天下不事，智力之不訾也。故道德之所生，愛不能利也；天地之所成，爲不能致也。唯無愛者能利之，唯無爲者能遂之。是故，明王聖主，無欲無求，不創不作，無爲無事，無載無章，反初歸樸，海内自寧。

何以明之？莊子曰：夫起福生利，成功遂事，備物致用，使人大富，天下奢僭，財貨不足，民人愈醜。福滿山澤，金玉成積，國愈不安，民益少利。飾智相愚，以詐相要，防隄邪淫，姦僞之路密。分別同異，是非之變衆，則國家昏而政事衰。作方遂伎，雕琢文彩，奇變異怪，以褒有德，以別尊卑，巧故滋起，俊出愈奇。令速賞深，罰峻刑嚴，鑿肌膚，斷四肢，疏遠不隱，親近不和。罪至夷滅，賞至封侯，天地振慄，盜賊愈多。故聖人之言云：「我無爲而民自化」。

夫何故哉？主者，天下之心也，氣感而体應，心動而身隨，聲響相應，形影相隨，不足以爲喻。是故，人主誠〔能〕〔六〕爲無爲之爲，則天下之心皆無所之，被道含德，無思無求，無令無法，萬民自化。人主誠能事無事之事，則天下無効無象，無知無識，不賞不與，萬民自富。人主誠能安無靜而靜，樂無清之清，則天下不學不問，無聞無見，無刑無罰，萬民自正。人主誠能欲不欲之欲，則天下心虛志平，大身細物，動而反止，靜而歸足，不拘不制，萬民自樸。故人主之政，不孝不仁，不施不予，悶悶縵縵，萬民愿鞔，墨墨倦倦，好惡不別，是非不分，故得所欲，性命以全。人主之政，布德施利，明目察察，萬民昭昭，皆知禍福，孝悌仁義，萬事差別，偟偟儀儀，知僞缺缺，故失所安，性命天〔七〕絕。

福生於禍，禍生於福。福之與禍，同營異域，俱亡俱存，異情同服。相隨出入，同來異極，非有聖人，莫能獨得。故去福則無禍，無禍則無福。無福之福，至微玄默，天下好知，莫能窮極。唯無爲者，能順其則。正在福禍之間，無所不剋。失正則奇生而民惑，善人爲妖，是非反覆，天下大迷而不復也。

〔一〕津逮本、學津本作「聚」。
〔二〕津逮本、學津本作「遂」。
〔三〕津逮本作「其」，疑誤。
〔四〕津逮本、學津本作「求」。
〔五〕津逮本作「出」。

〔六〕據下句「人主誠能事無事之事」補。
〔七〕津逮本、學津本作「夭」。

方而不割篇

方而不割，廉而不劌，直而不肆，光而不耀。治人事天莫如嗇。夫唯嗇是以蚤服。重積德則無不剋。莫知其極，可以有國。有國之母可以長久。深根固蒂，長生久視。

〔指歸〕：道無不有而不施與，故萬物以存；無所不能而無所（不）〔一〕爲，故萬物以然。何以明之？夫道體虛無而萬物有形，無有狀貌而萬物方圓，寂然無音而萬物有聲。由此觀之，道不施不與而萬物以存，不爲不宰而萬物以然。然生於不然，存生於不存，亦明矣！

故王者興師動利則民欲，民欲而以方，方則割，以割爲方則邪者進而方者退，忠臣蒙其毒，萬民受其害。貴貨則民求，民求而以廉，廉則劌，以劌爲廉則貪者顯而廉者弊，忠臣蒙其咎，而萬民〔二〕受其敗。開爭則民曲，民曲而以直，直則肆，以肆爲直則枉者翺翔，直者深伏，忠臣蒙其禍，萬民受其敗。上好名則民僞，民僞而以光，光則耀，以耀爲光則大德隱而小惠章，忠臣蒙其死，而萬民受其殃。數者以施，貨流情通，所以謂方者不方，廉者不廉，直者不直，光者不光。名謬實易，正失德亡。

人主獨立，臣下雙身，養主之意，阿主之心，塞主之聽，蔽主之明，此國之所以危而宗廟之所以喪也。是以，明王聖主，獨有而不與也，獨知而不教也，獨能而不使也，方於己而不以也，廉於萬物而不有也，直秉天心而不恃也，德光四海而不怙也。夫何故哉？去福以方，使下自公。割於不割，使民不訟。事情自達，萬物自通。莫之爲吉，莫之爲兇。天下蕩蕩，莫之其常。非不割也，割剥伐擊，誅驕制暴而無瘢創也。去貨以廉，使天下自平。劌於不劌，使人無争。貪叨者息，潔白自生。莫之爲濁，莫之爲清。名不虛謚，實不倚傾。非不劌也，善廉美讓，章含顯盜而辯無藏也。去争以直，使下自剋。肆於不肆，使民自伏。匡邪振亂，化淫矯俗。莫之爲禍，莫之爲福。天下荒荒，萬物自得。非不肆也，舉正揚直，表過章惡，貶邪削枉，明人之失，天下盡正而動無聲也。去名以光，使下自當。耀於不耀，使民自明。莫之爲照，莫之爲冥。天下渾渾，萬物滋生。德與天比，化與道同。非不耀也，德光四海，照萬物而化無形也。

上下相象，中表相應，出入無朕，往來無間，若影之於形，響之與聲。故治國之道，生民之本，嗇爲祖宗。是故，明王聖主，損形容，卑宮室，絶五味，滅聲色，智以居愚，明以語默，建無狀之容，立無象之式，恐彼知我，藏於不測。故未動而天下應，未命而萬民集，未戰而素勝之，未攻而天下服。是以，不勤勞而民有功，不分争而得其職，不刑戮而萬民畏，不微妙而得天福，禍亂不生，羣祥並集，無爲而無不成，不争而無不剋。

故萬物玄同，天下和洽，浮沉軋軮，與道相得。若終而始，若亂而紀。虛而實，無而有，疏而密，遲而疾。無形影，無根朕，仿佛渾沌，莫知所以。獨知獨見，獨爲獨不，變化無常，畜積無府。陰陽離合，屈伸張弛，冥冥窅窅芒昧玄默。魁如天地，不可窮極，自修有餘，故能有國。治人理物，子孫不絕。夫何故哉？以其嗇也。

爲嗇之道，不施不予，儉愛微妙，盈若無有，誠通其意，可以長久。形小神大，至於萬倍，一以載萬，故能輕擧。一以物然，與天同道，根深蒂固，與神明處。真人所體，聖人所保也。

〔一〕據津逮本、學津本删。

〔二〕津逮本、學津本作「臣」。

治大國篇

治大國者若烹小鮮。以道莅天下，其鬼不神。非其鬼不神，其神不傷人。非其神不傷人，聖人亦不傷人。兩不相傷，德交歸焉。

〔指歸〕：日昃陰生，燥至風起，谿谷小動，海波大興，高下〔一〕相臨，差以百尋者，以其形大故也。千仞之岸，萬丈之崖，物類登之，崖隤下顛，蚑蚉螻蟻適足以游翔，而犀象虎豹之麋骸者，以其形重也。飄風隆盛，發屋折木，石飛鐵揚〔二〕，山陵崩弛，而人血脈不爲之傷者，以其暴大也。隙穴之風，不動鬢眉，及其中人也，生百病而成死亡者，以其纖介也。夫大國者，江海犀象之徒也，而德化者飄風隙穴之類也。故其福不可大生也，其利不可暴興也，其善不可大處也，其惡不可大喪也。大生之則大亡，暴興之則暴傾，大處之則大去，大喪之則大至。

何以明之？莊子曰：夫飢而倍食，渴而倍飲，熱而投水，寒而入火，所苦雖除，其身必死。胸中有瘕不可鑿，喉中有疾不可剥也，蟁蚉著面不可射也，蟣虱著身不可斫也。何則？欲除小患而生大〔三〕賊也。是以，明王聖主之治大國也，若柄纖微，若通小水。若察秋毫，如聽無有。若亡若存，若非若是。如形如留，如爲如休。爲在爲不爲之域，化在有無有之野。福微利鮮，言希禁寡，動於無形，功流四海。

夫何故哉？以道爲父，以德爲母，神明爲師，太和爲友。清靜爲常，平易爲主，天地爲法，陰陽爲象。日月爲儀，萬物爲表，因應爲元，誠信爲首。殊分異職，繩繩玄默，引總紀綱，舉大要而求之於己。是以，民如胎鷇，主如赤子，智僞無因而生，巧故無由而起。萬物齊均，莫有盈損，和洽順從，萬物豐茂。鬼神與人，合而俱市，動於自然，各施所有。寂如無君，（怕）〔泊〕〔四〕如無鬼，萬物盡生，民人盡壽，終其天年，莫有傷夭。

主若不仁，鬼若不神。主非不仁也，兼施博愛，德運六合而無阿憐也。鬼非不神，浮於惚怳〔五〕，載於纖微，經歷萬方，與時變化，神全萬物，不以傷人也。 非不傷人，聖人在上，與天相參，人物順比，大化流行。 智者不作，奇物不生，莫之爲滿，莫之爲盈。 天下喁喁，萬物齊均，既不起高，又不造深。不攻金石，不壅水泉，人不遠（徒）〔徙〕〔六〕，食不煞生。 世皆可賞，莫之可形〔七〕，草木黃而後落，人化盡而後終。 是故，天之所胞，地之所函，太一之所主，天一之所將，四時所歸，五行所監，羣臣毒害，變化運行，各有分部，不得相干，周流萬物，莫之可傷。 是故，鬼神治陰，聖人治陽；治陰者殺偶，治陽者殺奇。 虛無清靜，鬼神養之；纖微寡鮮，鬼神輔之；盛壯有餘，鬼神害之；盈滿亢極，鬼神殺之。 不屬其類，聖人奉之；忠信順善，聖人與之；雄俊豪特，聖人察之；作變生奇，聖人殺之。 故動於陰者，鬼神周之；動於陽者，聖人制之；唯無所爲者，莫能敗之。 聖人在上，奇不得起，詐不得生，故鬼以其神養物於陰，聖人以其道養物於陽。 福因陰始，德因陽終，鬼神降其澤，聖人流其恩。 交歸萬物，若性自然，流道沉德，治和同真。

〔一〕津逮本、學津本作「以」。

〔二〕津逮本、學津本作「石鐵飛揚」。

〔三〕津逮本作「人」，疑誤。

〔四〕據津逮本、學津本改。

〔五〕津逮本、學津本作「恍惚」。

〔六〕據怡蘭本、津逮本、學津本改。

〔七〕津逮本、學津本作「刑」。

大國篇

大國者，天下之所流，天下之所交，天下之牝。牝以靜勝牡，牝以靜爲下。故大國以下小國，則取小國；小國以下大國，則取大國。故或下而取之，或下而取於人。夫大國不過欲兼畜人，小國不過欲入事人。夫皆得其所欲，大者宜爲下。

〔指歸〕：天地並起，陰陽俱生，四時共本，五行同根，憂喜共户，禍福同門。故所以爲寧者，所以爲危者也；而所以爲危者，所以爲寧者也。所以爲存者，所以爲亡者也；而所以爲亡者，所以爲存者也。何以明之？夫虎豹以其形容脩廣，爪牙堅强，肌膚盛大，毛物豐，文章明，故執百獸而制於人。榮華香草以其所有光曜芬香，故悦於衆俗而傷其根。大國之君以其地廣民衆，勢尊形寵，威隆名顯，故張其鄰國而危其身。有道則固於磐石，寧於太山；失道則危於累卵，輕於鴻毛。俱弱則先困，俱亂則先亡。是故，大國者霸王之梯而亡滅之階也。是以，大國之君，獨立無偶，名山四塞，三面成阻，鴻川並流，萬物浮下，爲諸侯轂。膏腴之府，强大之〔尸〕〔户〕〔一〕，權勢之主，偕不測之固，要阨狹之口，肥饒廣易，方數千里，珍寶奇怪，無所不有，民鮮傜役，馬牛從處，舟輿萬數，兵食陵聚〔二〕，居者安樂，過者留止，人如草木，畜滿山野，耕桑田獵，得獲深倍，故天下之所欲歸，將相之所欲附。車騎奮擊，帶甲百萬，處易守險，形便地利，順天而攻，順地而守，懸人之命，制人之死，與之則有勢，背之則失宗廟，故諸侯之所欲交，天下之所畏也。施道足以并兼，尊寵足以發號，伐之足以崇仁，治之足以明義，兼之足以廣地，得之足以爲富，故諸侯之所好，而將相之所〔三〕利也。

是故，自古及今，天下之牝，以靜勝牡，千世不易，萬世不變。夫何故哉？以虛受實，以無應有，不以爲大，務以爲小，不以爲高，常以爲卑也。

是故，明王聖主之處大國也，施而不以置，下而不以求。地裹諸侯之國，而無所不畏；德包諸侯之力，而無所不事。折節下之，以附人意；忠廉誠信，以先士（史）〔吏〕〔四〕；割地東西，以招賢俊；疾耕力織，以（衰）〔褒〕〔五〕畜積；結從連横，以戒不虞。發倉庾，散財幣，養耆老，食孤弱，振窮達困，顯巖穴之士。受而不取，授而不予，柔弱簡易，無爲而處。諸侯雖有貪鄙殘賊，驕矜恃力，不好順從，欲圖逆者，猶以文武之勢，威德之重，靜而下之，則彼修身慎行，改過自新，割地獻寶，歸命殺身，請爲子弟之國，藩牆之臣。

其處小弱也，因道而動，修理而行。富以舟輿，實以甲兵。忠順誠素，尚樸貴耕。耕織有分，不取民有，上下和集，親如父子。君如腹心，民如形體，國專和一，可與俱死。上下順從，可與鄰市。大國之君，雖負衆强，上權右勢，左德下仁，心如飢虎，怒如涌泉，不好施予，常欲吞人，猶以得天之心，獲民之意，將相誠信，鄰人之助，發源泉之敵，揚不測之威，辱身厚體，竭誠懸命，欿欿惓惓，事以清静，則彼神感精喻，心釋意壞，怒移禍徙，與我爲（妖）〔諸〕〔六〕。

上而取人者，形大勢豐，德博權重，人之所利也。下而取於人者，地狹民少，權輕〔七〕德鮮，人之所易也。故不戰而壞人之邑，不攻而降人之城，地廣號尊，宗廟顯，功德流，是大國之所期也。

交〔八〕於大國，接和結親。歲有災害，則大國憂之；鄰國難至，則大國救〔九〕之。屈一人之下，伸萬人之上，社稷尊，宗廟顯，國富兵强，人物全濟，延於無窮，小國之所愿也。

故接地鄰境，懸權不動，先下先得，卑者制倨，静者勝躁，處大之勢，小下大得。夫何故哉？自然之道，不可强致，水動下流，人動趨利。釋下任事，衆弱爲一，出於不意，此强大之所以亡也。故大宜下之。

〔一〕據學津本改。

〔二〕津逮本、學津本作「衆」。

〔三〕津逮本、學津本無「所」字。

〔四〕據怡蘭本、津逮本、學津本改。

〔五〕據怡蘭本改。

〔六〕據宋陳景元道德真經藏室纂微篇改。

〔七〕津逮本、學津本作「重」。

〔八〕津逮本、學津本作「友」。

〔九〕津逮本、學津本作「求」。

老子指歸卷之五

萬物之奧篇

道者，萬物之奧。善人之寶，不善人之所不保。美言可以市，尊行可以加人。人之不善，何棄之有？故立天子，置三公，雖有拱璧，以先駟馬，不如坐進此道。古之所以貴此道者何？不曰求以得，有罪以免，故爲天下貴。

〔指歸〕：木之生也，末因於條，條因於枝，枝因於莖，莖因於本，本因於根，根因於天地，天地受之於無形。華實生於有氣，有氣生於四時，四時生於陰陽，陰陽生於天地，天地受之於無形。吾是以知：道以無有之形、無狀之容，開虛無，導神通，天地和，陰陽寧。調四時，決萬方，殊形異類，皆得以成。變化終始，以無爲爲常。無所愛惡，與物大同。羣類應之，各得所行。善人得之，以翕以張。清靜柔弱，默默沌沌。仁宛和淖，潤澤虛平。大小周密，纖微無形。玄達萬事，以歸無名。終始反覆，萬福自生。動得所欲，靜失所患。在人之上，威德自明。攻堅勝大，莫與爲雙。兇人得之，以發以張。堅剛以疏，實動以先。驕溢以壯大〔一〕，盛滿以强極。廣修大以無疆，照察察以熒熒，顯的的以彰彰。彊大終小，不禍自生。動失所欲，靜得所傷。心憂志削，乃反正常。神氣煩促，趨翕去張。鬱約而辭卑，拘制而體降。迫險而賓服，慘怛而忠信，改容而易節，與君子同。罪定而言善，臨死而愛身，一奉天數，變性易情。安貧樂困，卑賤爲常。尊天敬鬼，視人如王。上比牛馬，下列犬羊。天網以發，自然不聽。吁嗟痛哉！爲戒甚明。

二者殊塗，皆由道行，在前在後，或存或亡。故言行者，治身之獄也；時和先後，大命之所屬也。是以，君子之立身也，如暗如聾，若樸若質。藏言於心，常處玄默。當言深思，發聲若哭。和順時適，成人之福。應對辭讓，直而不飾。故言滿天下而不多，振動四海而不速，連接萬物而不有，辭動天下各得所欲。其經世也，氣志窅冥，而形容隱匿，居如驚恐，貌似不足。偆偆漻漻，消如冰〔二〕釋，遇時而伸，遭世而伏。與天同憂，中心惻惻，計畫不行，隨時反側。謙虛止足，卑損自牧，樂下如水，久而不忒。下之又下之，至於（元）〔無〕〔三〕極，天下應之，故能有國。

夫何故哉？人之情性，樂尊寵，惡卑恥。損之而怨，益之而喜。下之而悅，止之而鄙。古今之通道而人心之正理也。賢者既然，小人尤甚。是故，尊美言行，事無患矣。古之將民，何棄之有？桀紂之吏，可令順信；秦楚之卒，可令順善。故能得其心，天下可有；不得其意，妻妾不使。

何以效其然也？夫爵尊天下，富有四海，威勢無量，專權擅柄，人之所畏也。去徒步，離卒伍，鴻舉龍興，起佐天子，發道揚德，施行所有，恩流萬姓，光顯祖考，人之所利也。以人之所畏，求人之所利，言不美，行不敬，雖執大璧、操珍物而進之，安車駟馬而載之，則是賢者之心疑惑下否，玄聖深隱，君子不來。言行修於內，則神氣踰於外，無有駟馬之勞、寶璧之費，海內之士，響應風起。俊雄英豪，輻至蜂止。聖人下之，朝多君子。古之所以貴此道者，夫何故哉？言順天地而不已〔四〕，行合人心而不恃。名成而不顯，功遂而不有。情性自然，不以爲取。將以順道，不以爲己。萬物歸之，爲天下宰。

〔一〕津逮本、學津本作「天」。
〔二〕學津本作「水」，疑誤。
〔三〕據怡蘭本、津逮本、學津本改。
〔四〕津逮本、學津本作「以」。

爲無爲篇

爲無爲，事無事，味無味。大小多少，報怨以德。圖難於易，爲大於細。難事作於易，大事作於細。是以聖人終不爲大，故能成其大。輕諾者，必寡信；多易者，必多難。聖人猶難之，故終無難。

〔指歸〕：神明之數，自然之道，無不生無，有不生有，不無不有，乃生無有。由此觀之，憂不生憂，喜不生喜，不憂不喜，乃生憂喜。故居禍者得福，居福者得禍，禍福之主，在於元〔一〕首。爲之無形，聽之無聲，無形聲則深遠。故無功之功大，而有功之功小；有德之德薄，而無德之德厚。是以聖人，不爲有，不爲亡〔二〕，不爲死，不爲生，游於無、有之際，處於死、生之間，變化因應，自然爲常。故不視而明，不聽而聰，扶安天地，飾道養神，提挈萬物，帝國治民，觧情釋意，俱反始眞。不爲生業，不爲起事，不加以仁，不施以利，教以不能，導以無識，絶民所樂，以順民情，縱民所惡，以得民意也。出（天）〔夭〕〔三〕傷之户，入長生之路，翺翔玄冥，優游太素，昧昧茫茫，莫知其故，敦若昏晦，天下無事。味之於無味，察之於無形，故能分同異之類，明是非之情。爲之未有，定之未傾，勇功不見，知名不稱，福不得起，禍不得生。無福之福，興於無聲，無禍之禍，息於無名，主安民樂，天下太平。

故生患而憂之，長福而求之，戮君而死之，辱父而讎之，造難而折之，作亂而滅之，召寇而殺之，招逆而伐之。勇功見而與天違，知名興而與道反。動而民悦者勞而德小，爲而民喜者爲而恩少。是以忠信沮壞，正事消亡，自然伏竄，知故翺翔。竊功者顯，偷權者彰，暴亂者利，邪僞者昌。是非覆逆，天下大傾，物失其命，家國以喪。故善除患者，不若無患之大也；起事致治者，不若默然者之貴也。

是以君子，動未始之始，靜無無之無，布道施德，變化於玄。怒於不怒，言於不言，攻於不敢，守於無端。威於不武，報怨未萌，圖難於易，治其本根，絶之未兆，使不得然。事如〔四〕秋毫，功如太山，爲大於細，治之緜緜。敬而慎之，若始若新，不爲所欲，不求所便，常與事反，獨守其元。與時俱益，日進無疆，雖欲不大，事物自然。是故，大難之將生也，猶風邪之中人。未然之時，慎之不來；在於皮毛，湯熨去之；入於分理，微箴取之；在於藏府，百藥除之；入於骨髓，天地不能憂而造化不能治。夫大事之將興也，猶水之出於山也。始於潤濕，見於漣漣，綿綿涓涓，流爲溪谷，汩汩湯湯，濟舟漂石，以成江海，深大不測。

是以聖人之建功名也：微，故能顯；幽，故能明；小，故能大；隱，故能彰；志在萬民之下，故爲君王。威振宇內，四海盡臣。懸命受制，莫有能當。德與天地相參，明與日月同光。

故言多諾者，事衆而信不可然也；心多所易者，難積而變不可推也。是以聖人，心默而不動，口默而不言，目默而不視，耳默而不聽。動如天地，靜如鬼神，不爲而成，不言而信。進則無敵，退則不窮，身無纖介之憂，國無毛髮之患。夫何故哉？危於不危，亡於不亡，昭然獨見，運於無形。

〔一〕怡蘭本、津逮本、學津本作「無」。
〔二〕津逮本、學津本作「無」。
〔三〕據怡蘭本、津逮本、學津本改。
〔四〕津逮本、學津本作「不」，疑誤。

其安易持篇

其安易持，其未兆易謀，其脆易破，其微易散。爲之未有，治之未亂。合抱之木，生於毫末；九重之臺，起於壘土；百仞之高，始於足下。爲者敗之，執者失之。故聖人無爲則無敗，無執則無失。民之從事，常於幾成而敗之。愼終如始，則無敗事。是以聖人欲不欲，不貴難得之貨；學不學，復衆人之所過，以輔萬物之自然，而不敢爲。

〔指歸〕：未疾之人，易爲醫也；未危之國，易爲謀也；萌牙之患，易事也；小弱之禍，易憂也。何以効之？莊子曰：任車未虧，僮子行之，及其傾覆也，顛高墮〔一〕谷，千人不能安。卵之未剖也，一指摩之，及其爲飛〔二〕鴻也，奮翼凌雲，罾繳不能連也。胎之新乳也，一繩制之，及其爲牡也，羅網不能禁也。虎也，執羣獸，食牛馬，劍戟不能難也。故漣滴之流，久久而成江海。小蛇不死，化爲神龍。積微之善，以至吉祥；小惡不止，乃至滅亡。是故，繼體之君，無怨無惡，將相和一，百姓賓服，鄰國交市，無有讒賊，平易不動，上下和集。當此之時，守之不用威，持之不用力，無爲無事，莫之能克。及至國家將危，萬民將殆，患害將興，萌而未兆：當此之時，安危在己，不在於彼，謀之不必聖人，憂之不必力士，正之於枕席，而患禍以〔三〕亡矣。及至人君失道，大臣怨懟〔四〕，鄰國不市，百官衰廢，禍患已生，小弱柔毳：當此之時，賢人深謀，生事起勢，未動而患危，不加而禍碎。及至人君失正，大臣謀誤，鄰國怨恨，百姓猶豫，患禍已起，根本未據，姦雄將興，未得人助，或合而不結，或結而不固：當此之時，尊賢下衆，折肝膽，聽微諫，求過於己，患心不怨，謀士底兵，未發而散。故禍福作於無名，存亡生於微妙，二者雲錯，變動風號，屈伸波渾，進退殽亂，聽之不可聞，視之不可見，機巧不能事，智慧不能判。

是故聖人，化之以道，教之以身，爲之未有，治之未然。不置而物自安，不養而物自全。動與福同室，靜與禍異天。窅窅冥冥，莫覩其元。治之未亂，正之未傾。禁姦之本，制僞之端，閉邪之户，塞枉之門。萌牙未動，形兆未生，絶之未見，滅之未存。教以無教，導以無名，知以無知，狀以無形。治不得起，亂不得生，天下無爲，性命自然。

夫太山之木，本據於陰，末託於陽，（雙）〔垂〕〔五〕枝布葉，華實青青，大而合抱，高連百尋者，生於無大，成於無爲。九重之臺，廣大擬於丘陵，百仞之高，昭昭冥冥，幹於青霄者，以爲卑小，不爲高大也。故爲大者不大，爲小者不小，爲高者不高，爲卑者不卑。不大不小乃生大小，不高不卑乃生高卑。故爲之者不爲之跡也，不爲者爲之塗也。

是以，爲成者敗，爲利者害，爲生者死，爲興者廢。執所欲者所欲亡，執所思者所思逝，執其身者其身歿，執其神者其神退。故聖人無爲爲之以生萬物，無執執之以制所欲，猶工匠之造高臺，而天地之生巨木，自然而已。

夫道德不嫉，神明不賊，和無不通，大(元)〔無〕〔六〕不克，存亡自從，吉兇自得。人窮事敗者，釋自然而任知力，去其反而處其覆。夫何故哉？以求所求而欲所欲。夫誠能慎終如始，爲所不欲，守所不處，動於未元，反於未始，爲若不爲，有若不有，雖若不成，物自然也。

夫使神擾精濁，聰明不達，動失所求，靜喪所欲者，貨與學也。唯能鍊情易性，變化心意，安無欲之欲，樂無事之事者，道與德也。是故想道如念親，惡貨如失身。思無思之思，求無求之求。明白四達，以學不知，巧雕萬物，以學不能。反衆人之所務，而歸乎虛無。欲不欲而造虛玄，學不學而窮妙極。達人之所不能通，窮人之所不能測，成人之所不能爲，有人之所不能得。心志玄玄，形容睦睦，臥如死尸，立如槁木。不思不慮，若無所識，使物自然，令事自事。空虛寂泊，身無所與，萬物紛紛，各如其處。魁如阜楬〔七〕，澹如巨表，舉錯〔八〕廢置，常與物反，萬物應之，故能深遠。天下大覆，與神運轉，輔天助地，不敢生善。

〔一〕津逮本、學津本作「隨」，誤。
〔二〕津逮本、學津本作「蜚」。
〔三〕津逮本、學津本作「已」。
〔四〕津逮本、學津本作「懟」。

〔五〕據津逮本、學津本改。

〔六〕據怡蘭本、津逮本、學津本改。

〔七〕津逮本、學津本作「褐」。

〔八〕津逮本、學津本作「措」。

善爲道者篇

古之善爲道者，非以明民，將以愚之。民之難治，以其知之。以智治國，國之賊；不以智治國，國之福。知此兩者亦楷式。常知楷式，是謂玄德。玄德深矣，遠矣，與物反，至於大順。

〔指歸〕：道德神明，清濁太和，天地人物，若末若根。數者相隨，氣化連通，逆順昌衰，同於吉兇。道德之意，天地之心，安生樂息，憎惡殺傷，故命聖人，爲萬物王。利物，受其福；不利，則獲其恐。聖人大懼，恐後有患，深原所由，莫善自然。自然之路〔一〕，要在無形。

何以明之？莊子曰：夫天地不知道德之所爲，故可爲然也；萬物不覩天地之所以，故（不）〔二〕可存也；萬民不識主之所務，故可安也；四肢九竅不諭心之所導，故可全也。夫萬物之有君，猶形體之有心也。心之於身，何後何先？流行血脉，無所不存；上下表裏，無所不然。動與異事，虛以含神，中和外否，故能俱全。

是以，昔之帝王，經道德、紀神明、總清濁、領太和者，非以生知起事，開世導俗，務以明民也。將以塗民耳目，塞民之心，使民不得知，歸之自然也。是以，立民於昭昭，而身處乎混冥。教以不知，導以無形。孝悌不顯，仁義不彰。君王無榮，知者無名。無教之教，洽流四海，無爲之爲，通達八方。動與天地同節，靜與道德同容。萬物並興，各知其所，名實俱起，各知其當。和氣流通，宇內〔三〕童蒙，無知無欲，無事無功。心如木土，志如死灰，不覩同異，不見吉凶。故民易治而世可平也。

是故，安者，民之所利也；生者，民之所歸也。民之所以離安去生而難治者，以其知也。民知則欲生，欲生則事始，事始則（坊）〔功〕〔四〕名作，功名作則忿争起，忿争起則大姦生，大姦生則難治矣。故以知爲國，則天下智巧，詐僞滋生，奇物並起，嗜欲無窮。奢淫不止，邪枉纖纖，豪特争起，溪谷異名，大禍與矣。臣惑其主，子亂其父，以白爲黑，以亡爲有，名變實異，劫殺生矣。恍恍不可安，易易不可全。卷甲輕舉，海內相攻，死者無數，血流成川。悲痛怨恨，氣感皇天，星辰離散，日月不光，陰陽失序，萬物盡傷，山枯谷竭，赤地數千，天下窮困，至於食人。非天之辜，上好智能而教萬民也。

廢棄智巧，玄德淳樸，獨知獨慮，不見所欲，因民之心，塞民耳目。不食五味，不服五色，主如天地，民如草木。巖居（安）〔穴〕〔五〕處，安樂山谷，飲水食草，不求五穀。知母識父，不覩宗族。沌沌偆偆，不曉東西。男女不相好，父子不相戀。不賤木石，不貴金玉。叢生雜處，天下一心，八極共旨，九洲同風。蠹蟲不作，毒獸不生，神龍與人處，麟鳳遊於庭。翔風嘯嘯，醴泉涓涓，甘露漠漠，朱草榮榮，嘉禾豐茂，萬物長生。非天之福，主知不知，而名無名也。

是以，覩智識愚，與道同符；知愚知智，與道同旨。政教由之，或病或利。明於病利，（大）〔太〕〔六〕平自至；明於利病，萬物自正。

是故，愚智之識，無所不克〔七〕，清（淨）〔天〕〔八〕寧地，爲類陰福，衆世〔九〕莫見，故曰玄德。玄德深矣，不可量測；遠矣，不可窮極；與物反矣，莫有能克。玄德之淪，罔蕩輓遁，恍惚無形，反物之務。和道德，導神明，含萬國，總無方；六合之外，毫釐之內，靡不被德蒙仁，以存性命，命終天年，保自然哉！

〔一〕津逮本、學津本作「福」。
〔二〕據津逮本、學津本删。
〔三〕津逮本、學津本作「亩」。
〔四〕據下文「功名作」改。
〔五〕據怡蘭本、津逮本、學津本改。
〔六〕據怡蘭本、津逮本、學津本改。

〔七〕津逮本、學津本作「免」。
〔八〕據怡蘭本、津逮本、學津本改。
〔九〕津逮本、學津本作「庶」。

江海篇

江海所以能爲百谷王者，以其下之，故能爲百谷王。是以聖人，其欲上民，以言下之；其欲先民，以身後之。故在上，而民不重；居民之前，而民不害。天下樂推而上之，而不知厭。非以爭，故天下莫能與之爭。

〔指歸〕：道德不生萬物，而萬物自生焉；天地不含羣類，而羣類自託焉；自然之物不求爲王，而物自王焉。故天地億萬，而道王之；衆陽赫赫，而天王之；陰氣漻漻，而地王之；倮者穴處，而聖人王之；羽者翔虛，而神鳳王之；毛者蹠實，而麒麟王之；鱗者水居，而神龍王之；介者澤處，而靈龜王之；百川並流，而江海王之。凡此九王〔一〕，不爲物主，而物自歸焉；無有法〔二〕式，而物自治焉；不爲仁義，而物自附焉；不任知〔三〕力，而物自畏焉。何故哉？體道合和，無以物爲，而物自爲之化。

是故，江海之王也，非積德政、累仁愛、流神明、加恩惠〔四〕以懷之，又非崇禮義、廣辭讓、飾知故、設巧能以悦之也，又非出奇行變、起權立勢、奮武揚威、重生累、息百事以制之也，清靜處下〔五〕，虛以待之，無爲無求而百川自爲來也。百川非聞海之美、被其德化歸慕之也，又非拘禁束教、有界道、畫東西而趣之也，然而水之所以貫金觸石、鑽崖潰山、馳騁丘阜以赴隨江海無有還者，形偶性合，事物自然也。

由此觀之，卑損之爲道也〔六〕大矣！百害不能傷，知力不能取。不戰而强，不威而武，默然無爲，與萬物市。夫溪谷爲卑不爲東西，故能達而不窮；江海處下不爲廣大，故能王而不休。是以明王聖主之欲尚民也，以自然之性，盛德之恩，容卑辭敬〔七〕，比於庶人。視身如地，奉民若天，昭然獨知而不可測，卓爾獨能而不可原，深察博達而不可塞，聰明並流而不可壅。不以役物，反以後民，故民履之如地，託之若神。常在民上，王土配天。其欲先人，處窮寵，秉至尊，長生久視，樂以無患。則去志無身，以安萬民，身勞而民佚，身後而民先，在上而民以生，在前而民以安。民以生，故戴之而不以爲重；民以安，故後之而不以爲患。是以，天下推而上之，引而先之，喜而不倦，樂而不厭。故聖人之王也，非求民也，民求之也；非利民也，民利之也；非尚民也，民尚之也；非先民也，民先之也。故能極弊通變，救〔八〕〔衰〕〔九〕匡亂，以至太平。上配道德，下及神明。淪唐唐，含冥冥，馳天地，騁陰陽。夫何故哉？以去心意而後其身也。

是故，不争之德，因人之力，與道變化，與神窮極。唯棄知者，能順其則。故王事自然，不得妄起，得之全命，持之有理。聖知有性，治之有道。失其理則王事不成，去其道則性情不則。是以聖人，信道不信身，順道不順心。動不爲己，先以爲人；無以天下爲，故〔一〇〕天下争爲之臣。

〔一〕津逮本、學津本作「者」。

〔二〕津逮本、學津本作「海」，疑誤。

〔三〕津逮本、學津本作「智」。

〔四〕津逮本、學津本作「愛」。

〔五〕怡蘭本、津逮本作「不」。

〔六〕津逮本、學津本無「也」。

〔七〕津逮本、學津本作「盛德之容，恩卑辭敬」。怡蘭本作「盛德之恩」。

〔八〕津逮本、學津本作「求」。

〔九〕據津逮本、學津本補。

〔一〇〕津逮本、學津本無「故」。

天下謂我篇

天下謂我大，似不肖。夫唯大，故似不肖；若肖，久其小矣。吾有三寶，持而保之：一曰慈，二曰儉，三曰不敢爲天下先。慈，故能勇；儉，故能廣；不敢爲天下先，故能成器長。今釋慈且勇，釋儉且廣，釋後且先，則死矣。夫慈，以戰則勝，以守則固。天將救之，以慈衞之。善爲士者不武，善戰者不怒，善勝敵者不與，善用人者爲之下。是謂不爭之德，用人之力，是謂配天古之極。

〔指歸〕：物有同而異，有異而同，有非而是，有是而非。此君子之所以無患，而衆世〔一〕之所以憂悲也。何以効之？莊子曰：日月之出入也同明，人之死生也同形，春秋之分也同利，玄聖之與野人也同容，通者之與閉塞也同事，道士之與赤子也同功。凡（比）〔此〕〔二〕數者，中異而外同，非有聖人，莫之能明。是以，天下嫌疑，眩耀結構，紛繆是非。是以，聖人似不肖。夫何故哉？得道之士，外亡中存，學以變情，爲以治己。實而若虛，渾渾冥冥，若無所以。容疏言訥，貌樸而鄙。情達虛無，性通無有，寂泊無爲，若無所止。遁名逃勢〔三〕，與神卧起，執道履和，物無不理。不合時俗，與天地反。衆人僭僞，以直爲醜；殊塗異指，謂之病矣。

夫小人則不然，博學多識，以鈞智名；異行顯功，以疑仁賢；詐世治俗，飾辭盛容；卑體阿順，以揄愛恩；先指承意，以獲衆心；朋黨相結，多挾賊人；勞鮮而祿重，功寡而爵尊；國〔四〕貧而家富，主微而身貴。動〔五〕權生變，竊乘盛勢，名號隆盛，震動境外。憍奢暴逆，縱恣不制，順心而卑，情忤而奪。動喪民命，靜生物穢，張目而物傷，開口而民害。此時俗之所榮而世之所謂肖者也。若然者，道德所離，神明所去，天地所憎，陰陽所惡，物類不比，民人不附。動無所（不）〔六〕終，靜無所（不）〔六〕得，生爲患害，死爲福喜，衆俗迷妄，浸〔七〕以相導，所獲〔八〕者微，其日甚久。

故得道之士則不然，體虛積慈，視物如己；檢形促容，歸於微纖；玄默託後，不爲物先；合和順理，以應自然；動靜與衆反，出入異門户；不以勇勇，故不怒而天下恐；不以廣廣，故不施而天下往；不以先先，故不言而天下長。是故，出慈入勇，出儉入廣，釋後且先，反和逆神，動違自然：福與之遠，禍與之鄰，大命以絶，神氣散分，天地不能安，道德不能存。臨死不覺，怨命尤天。非命薄也，非人賊也，安惰樂勢，廢道而上〔九〕力也。

夫慈之爲行也，甚和以真。動得人力，靜合天心。卑損弱小，爲萬物君。匡世救俗，和順天人。戰不可敗，守不可攻。夫何故哉？天地並生，變化無窮，方戰之日，地爲之動，天爲之震。天降變怪，地出風盲，鬼神並見，爲敵起殃。祐我將相，助我萬民，怒我士卒，以至羣生。牛絶其紖，馬絶其糧，飛禽拊翼，獸下而行。虎兕可戰，攫鳥可將，敵人驚恐，伏甲受兵。

故賢佐勝將之立身也，不强不大，不堅不柔，剛弱畏武〔一〇〕，敵即消亡。戰則損心外意，崇體和平，辭小託後，動靜應天。不以愠起怒，不以武興兵，其欲勝敵，常以反行。計運無形，以收敵神，動因彼之所有，變因彼之所爲，反之覆之，以處其奇〔一一〕。故使彼邪我正，彼言我聽，彼怒我喜，彼動我靜。開其所利，以利其命。用人則下之以言，示之以利，陳之以誠，使之自至。是以，不爭不求，以得民意，以順民心，秉其要忌，彼人離散，而我順比。敵欲不亡而不能，我欲不存而不得。

當此之時，道爲之元，德爲之始，神明爲經，太和爲紀。清濁爲家，萬物爲子，三光爲佐，四時爲輔。靜爲物根，動爲化首。物類託之，無有患咎。德與天齊，久而不殆〔一三〕。自今及古，聖智之道，變化終始，自天而王，皆由此矣。

〔一〕津逮本、學津本作「庶」。

〔二〕據怡蘭本、津逮本、學津本改。

〔三〕津逮本、學津本作「世」。

〔四〕怡蘭本作「固」，疑誤。

〔五〕津逮本、學津本作「勤」。

〔六〕疑衍「不」。

〔七〕津逮本、學津本作「漫」。

〔八〕津逮本、學津本作「患」。

〔九〕津逮本、學津本作「尚」。

〔一〇〕津逮本、學津本作「不堅不剛，柔弱畏武」。

〔一一〕津逮本作「音」，誤。

〔一二〕津逮本作「始」。

老子指歸卷之六

用兵篇

用兵有言，吾不敢爲主而爲客，不敢進寸而退尺。是謂行無行，攘無臂，執無兵，仍無敵。禍莫大於輕敵，輕敵幾喪吾寶。〔一〕

〔指歸〕：道無不有，有無不爲，體和服弱，括囊大威。生育羣類，莫有能違，無有形象，爲萬物師。得之者安，失之者危，天地體之，久而不衰。何以効之？莊子曰：夫陰而不陽，萬物不生；陽而不陰，萬物不成。由此觀之，有威無德，民不可治；有德無（爲）〔威〕〔二〕，宗廟必傾；無德無威，謂之引殃，遭運時變，身死國亡。故人主者，國之腹心也；兵者，國之威神也。夫天地之間，萬國並興，小大愚智，皆願爲君。智盡而服，力屈乃窮，非有餘力而屈膝樂爲人臣也。是以明王聖主，放道効天，清靜爲首，和順爲常。因應爲始，誠信爲元，名實爲紀，賞罰爲綱。左德右威，以應不祥，天下仰制，莫能毀傷。故國可保而民可全也。

夫德之與兵，若天之與地，陰之與陽，威德文武，表裏相當，隱之玄域，不得已而後行。故人君失道，好戰自損，正事不修，邪事作起，强大憍奢，紀滅綱弛；雕琢宮室，盈飾狗馬，高臺大囿，聲色在後；刳屠忠諫，尊寵姣好，簡傲宗廟，欺侮諸父，殘賊暴虐，孤人稚子；反逆天地，刑戮陰陽，黜劓道德，破碎神明，和氣潰濁，變化不通；冬雷夏霜，萬物夭〔三〕傷，縱橫擊搏，謀圖不祥，大國驚怖，小國奔亡，老弱離散，啼哭而行，天下憤怨，萬民思兵，相率而起，我爲後行。夫何故哉？惟彼先祖，皆有神明之德通於天地、聖智之勞加於萬民，故剖符丹書，受土賜姓，列爲君王，光顯祖考，業流子孫。是天地之心，萬載之功。而繼體者，不務屈身厲節、摩精鍊神、修道行德以奉其先，乃忽小善而易小惡，日以消息，月以陵遲，宗廟崩弛，國爲丘墟，族類離散，長無所依，鬼神孤魂，無所棲息（乎）〔四〕。嗟夫！豈不哀哉？

是以，喻我豪俊，説我士卒，卷甲釋兵，且令休息，激役心移，幸於反覆，改過自新，變容易則。遂往不反，爲天下賊，百姓窮極，財殫力屈，海内之憂，日以長息。蒼天降應，禍集其國，雖欲未誅，自然不得。天人同心，我不能剋。故事爲而神否，身往而志還。形反我志，事逆我身，悲彼先聖，傷彼萬民。無罪於天，遇此何辜？雖曰忽然，民命在兵。

發號申令，效以信誠。先服者賞，後服者傷，小下者利，大下者昌。壞邑者爵，降城者封，城邑不下，未剋勿喪。有罪者免，有能者官，老弱得養，死者得葬。德澤洽潤，恩愛流行，慈惠和結，衆情發揚。默然爲之，神氣相通，彼三軍與我同心，姦爲我使，盜爲我工。教我以其計慮，告我以其地形。因其所有，奇變乃通。法律不苛，險阻虚空，天人相得，勝出若神。前無留敵，計謀不喪，敵雖衆多，與我搆因。兩軍相距，前若無人。

戰〔五〕雖萬全，敵不可易。易敵生姦，亡時失利。福去禍來，爲天所疾。

是故，雖獲天祐，得人之助，猶守之以憂，持之以畏，出險乘虛，宿舍有備，休息處便，必依水草，塡隙塞惡，與敵相距，變運無形，奇出無朕，錯勝無窮，功戰無有，深微窅窅，變化無始。自我親近，不知我之所爲，彼之知力，何得於己？故在家者，晏然而樂；在師者，欣然而喜。人懷至誠，若爲其子，去家越境，若衆趨市。疾耕力織，暮休早起，奇入模列，不敢獨有，以供師徒，如奉父母。懸權爭勝，敵人不起，未戰而海內正，不攻而諸侯下。天地覆載〔六〕，日月所照覩，皇皇莫莫，各安其土。夫何故哉？慈哀發動，因天之心，不敢由於我也。

〔一〕王弼本有「故抗兵相加，則哀者勝矣」句，道藏本缺。

〔二〕據津逮本、學津本改。

〔三〕津逮本、學津本作「大」。

〔四〕據學津本刪。怡蘭本、津逮本作「鬼神孤魂無所棲息息呼！嗟夫！豈不哀哉！」

〔五〕津逮本、學津本作「我」。

〔六〕怡蘭本、津逮本、學津本作「天地所覆載」。

言甚易知篇

吾言甚易知，甚易行，而天下莫能知，莫能行。言有宗，事有君。唯我無知，是以不吾知。知我者希，則我貴矣。是以聖人被褐而懷玉。

〔指歸〕：夫無形無聲而使物自然者，道與神也；有形有聲而使物自然者，地與天也。神道蕩蕩而化，天地默默而告；蕩而無所不化，默而無所不告；神氣相傳，感動相報；反淪虛無，甚微以妙；歸於自然，無所不導。故言言之言者，自然之具〔一〕也；爲爲之爲者，喪真之數也；無爲無言者，成功之至而長存之要也。是以聖人，言不言之言，爲不爲之爲；言以絶言，爲以止爲。絶言之道，去心與意；止爲之術，去人與智。爲愚爲慤〔二〕，無知無欲。無欲則靜，靜則虛，虛則實，實則神。動歸太素，靜歸自然，保身存國，富貴無患，羣生得志，以至長存。此言之易知而事之易行者也，而天下莫能知莫能行也。

夫何故哉？世主好知，務順其心，不覩大道，不識自然，以爲爲爲，以言言言，息知生事，以趣所安，寖以爲俗，終世被患。性變情易，深惑遠迷，精濁神擾，外實内虛。强默生咎，强靜生患，故視之而不見，告之而不聞，非以自嫉，以爲不然。

夫聖人之言，宗於自然，祖於神明，（堂）〔常〕〔三〕處其反，在默言之間，甚微以妙，歸於自然。明若無見，聽若無聞，通而似塞，達而似窮。其事始於自然，流於神明，常處其和，在爲否之間。清靜柔弱，動作纖微，簡易退損，歸於無爲。

虛無以合道，恬泊以處生，時和以固國，玄教以畜民。養以無欲，導以自然，贈以天地，賜以山川。富以年歲，貴以有身，虞以無憂，寧以無患。無欲之不得，無樂之不存，民若無主，主若無民。亡於知力〔四〕，依道倚天，萬國和順，并爲一君。是事之盛而業以隆者也，而天下謂之不然。

夫世之莫我知者，非我道小而不足以知也，又非我之事薄而不足爲也，又非世之好敗惡成、喜禍樂患而故不我從也，天性與我反，情欲與我殊。智陷於情欲，終世(弱)〔溺〕〔五〕於所聞，神氣不我我，而心意不我然。故其明不我能見，聰不我能聞。是以，深言反而受謗大，行遠而得毁；獨見之明不用於世，獨聞之聽見羞於民；事順神明者不合於俗，功配天地者不悦於衆。

夫至論大言者，總百變，要萬方，剖判毫釐之内，明顯虛無恍惚之外，周密無間，歸於漭昧，此乃小節之士所不能聞，而隅曲之人所不能逮也。夫鴻鵠高飛，終日馳騖，而不知宇宙之外；制法之人拘教之士累年學問，終身談論，而不知道德之大也。且神明有所不能領，天地有所不能理，況乎守衆世〔六〕之論，不覩大要之所由，不亦宜乎？是故，衆俗之所薄賤，而得道者之所獨遵也。

是以聖人，知而弗爲，能而不任，仁義而不以爲號，通達而不以爲名，堅强而不以爲顯，高大而不以爲榮。言不可聞，動不可形。心若江海，志若蒼天，廢爲以立道，損善以益性。寂然蕩蕩，莫之能明，皎然昭昭，莫覩其情。頹然默默，魁然獨存，薄外厚內，賤己卑名。去衆離俗，與道爲常。

〔一〕津逮本、學津本作「賊」。
〔二〕津逮本、學津本作「慧」。
〔三〕據津逮本、學津本改。
〔四〕怡蘭本作「忘於知力」。津逮本、學津本作「忘於智力」。
〔五〕據津逮本、學津本改。
〔六〕津逮本、學津本作「庶」。

知不知篇

知不知，上；不知知，病。夫唯病病，是以不病。聖人不病，以其病病，是以不病。

〔指歸〕：道德之教，自然是也。自然之驗，影響是也。凡事有形聲，取舍有影響，非獨萬物而已也。夫形動不生形而生影，聲動不生聲而生響，無不生無而生有，覆不生覆而生反。故道者以無爲爲治，而知者以多事爲擾，嬰兒以不知益，高年以多事損。由此觀之，愚爲智巧之形也，智巧爲愚之影也。無爲，

（逐）〔遂〕〔一〕事之聲也，遂事，無爲〔二〕之響也；智巧，擾亂之羅也；有爲，敗事之網也。

故萬物不可和也，天地不可適也。和之則失和，適之則失適。弗和也而後能和之，弗適也而後能適之。故，安世不知危，亂世不知治，若影隨形無所逃之也，不動求響無所得之也。故知而絶知，不困於知；不知用知，亦不困於知。其所以不困則異矣，而於爲不困則一也〔三〕。

是故聖人操通達之性，遊於玄默之野，處無能之鄉，託不知之體；寂若虛空，奄忽如死，心無所圖，志無所治；聰明運動，光耀四海，塗民耳目，示以無有；庖廚不形，聲色不起，知故不生，禍亂息矣。不言而宇內治，無爲而天下已。民俯而無放，仰而無効，敦慤忠正，各守醇性，惘惘洋洋，皆終天命。死者無謚，生者無號，若此相繼，億萬無量。其次，情無所樂，性無所喜，心無所安，志無所利。疾不知孝，病不知弟，既不睹仁，又不識義。無有典禮，守其貞幹，一如麋鹿，一如鴻雁。不在憂喜，亦不離亂，若盲若聾，無所見聞。主無宮室，民無城郭，國無制令，世無恥辱。

病故不病，與道相託。不言不爲，威德自作。天地和順，渾沌磅礴。溷若濁流，焕若嚴客。人物皆愚，歸於寂寞。動無形聲，靜無圻堮。主民俱昌，天下啞啞。亡於小利，而享大福。默而治者，計不能計，而度不能度。

何以効之？夫道德廢，淳樸亡，奇物並作，知故流行。禮節起，分度明，萬物有條貫，百事有紀綱。封疆畫界，治邑屋，州鄉里，國有忠臣，家有孝子。録內略外，雙身爲友，損彼益此，務以相厚。疆〔四〕大重壘，小弱亡有，郊祀天地，名山大水。封於太山，禪於梁父，流漸相承，或然或否。斷獄萬數，黥人滿道，臣殺其君，子殺其父，亡國破家，不可勝數。天(予)〔下〕〔五〕享其知故之利，獲於死亡之咎。由此觀之，絶知爲福、好知爲賊亦明矣。故使有德之君，變志易心，生息萬事，以教其〔六〕民，禱祝請福，以至大治者，自然不聽也。使彼亡國之君，廢智去欲，絶爲止事，修道行德，棄其心意，而欲死亡者，形亦不從也。

是故，趨舍廢置，王道之形聲也，吉兇存亡，趨舍之影響也。夫聖人所以能動與天和，靜與道合，既能保身，又能全國，翱翔乎有爲之外，優游乎無事之内，取福於纖妙之中，而舒於四海之外，喪明者之目，杜知者之口，窒聰者之耳，折巧者之手，與時相隨，與和俯仰，不爲而自成，不教而民治，恩加走獸，澤及飛鳥者，以其損聰棄智、廢爲而任道也。是以，順情從欲，窮極心意，動導天地，靜陶萬事，神靈在己，不察不燎，身不降席而萬國自備：雖欲不亡，自然不置也。

〔一〕據怡蘭本、津逮本、學津本改。
〔二〕津逮本、學津本作「爲無」。
〔三〕津逮本、學津本無「也」字。
〔四〕津逮本作「疆」。

〔五〕據怡蘭本、津逮本、學津本改。
〔六〕津逮本、學津本無「其」字。

民不畏威篇

民不畏威，則大威至。無挾其所居，無厭其所生。夫唯不厭，是以不厭。是以聖人，自知不自見，自愛不自貴，去彼取此。

〔指歸〕：道德之旨，神明之務，太和之心，天地之意，禍莫甚乎亡，福莫甚乎存。非獨天道，人物亦然。故存身之道，莫急乎養神；養神之要，莫甚乎素然。常體憂畏，慄慄震震。失神之術，本於縱恣；喪神之數，在於自專。故太上畏道，其次畏天，其次畏地，其次畏人，其次畏身。昌衰吉兇，皆由己出，不畏於微，必畏於章，患大禍深，以至滅亡。憂畏元始，至於無形，（運翔）〔一〕戒慎未兆，其道大光。動得所欲，靜得所安，福禄深微，淪於無方。

正言若反，明而若昏，遼遠潢洋，莫之能聞。伺命在我，何求於天？至福（以）〔似〕〔二〕禍，大吉若兇，天下醉飽，莫之能明。是以，世俗見近聞淺，不識窅冥之道，蔽於微妙之常，塞於神明之理。察於毫毛之利，不覩丘山之禍，肆情行態，無所畏忌。言順所然，行順所善，力能而取，心順安與，驕奢恣睢，自專損己。忠信所愛，欺殆父母，侵凌天地，簡傲其主。將順情欲，以違〔三〕天道；故起巧立名，以代其身；施惠流恩，以獲大咎；遁福天外，追患四海，福德求之不能得矣，患奔禍馳無所逃矣，大威以至乃始爲善。當此之時，道德不能救〔四〕，天地不能鮮。非天之罪也，樂高喜大，負威任勢，忘憂失畏，不求於己也。

故憂於己者不恐於人，畏於己者不制於彼；順於小者不懼於大，誡於近者不悔於遠。是以，不小其位而居之以敏，不薄所處而厚修其禮，不苦卑微而革其大始，不厭困危而絶其所以。樂窮如達，安死如壽，雖欲且留，亦不得久。

何以明之？莊子曰：天地之道，始必有終，終必有始。陽氣安於潛龍，故能鑠金；陰氣寧於履霜，故能凝冰；木善秋毫，故能百尋；水樂涓涓，故能成海；飛禽逸於卵瞉，故能高翔；羣獸預於胎䏚，故能遠走。是以聖人，智達無窮，能與天連，變化運動，洞於大常，猶以積德重厚，釋心意，隱聰明，憂於溷輓，畏於無形。竄端匿迹，遁貌逃情。反於虛無，歸於玄冥。身重天地而不自高，德大陰陽而不自彰。託微處寡，後下萬民。飲食無味，衣服無文。方於自飾，志不敢淫。秉道操德，與物浮沉。養民如子，遇衆若君。德歸之天，功移於人。天下辭讓，恩厚固深。故禍〔不能禍〕〔五〕而患不能患，福不能逃而德不能遁。非道有私〔六〕而天地偏也。戒始慎微，和弱忠信。奉道順天，與物相參。憂畏得意，安樂困窮。成敗存亡，求之於身。

〔一〕據津逮本、學津本刪。
〔二〕據津逮本、學津本改。
〔三〕津逮本、學津本作「逹」。
〔四〕津逮本、學津本作「求」。
〔五〕據怡蘭本、津逮本、學津本補。
〔六〕津逮本、學津本作「和」。

勇敢篇

勇於敢則殺，勇於不敢則活。常知此兩者，或利或害。天之所惡，孰知其故？天之道，不爭而善勝，不言而善應，不召而自來，坦然而善謀。天網恢恢，疏而不失。

〔指歸〕：天地之道，生殺之理，無去無就，無奪無與，無爲爲之，自然而已。正直若繩，平易如水，因應効象，與物俱起。損益取（於）〔舍〕〔一〕，與事終始，深淺輕重，萬物自取。殊形異類，各反〔其〕〔二〕所。生爲殺元，殺爲生首，二者相形，吉兇〔著矣〕〔三〕。故知生而不知殺者，逆天之紀〔四〕也；知殺而不知生者，反地之要也。故喜怒有分，生殺有節，受天之殃，得地之罰。當怒不怒，子爲豺狼，弟爲兇虎。當門不門，妻爲敵國，妾爲大寇。當殺不殺，受天之害，爲物所制。當喜不喜，蒙天之災，獲地之咎。當生不生，人君失國，庶人没命。故君子殺人如殺身，活人如活己，執德體正，不得已而後然。存身寧國在於生殺之間。生殺得理，天地祐之；喜怒之節，萬物歸之。故剛毅〔五〕質直，操擊深酷，疾邪養正，勇敢先失。達於守戰，明於開塞，長忿美快，安静樂殺。便國利民，不避彊大，威振百蠻，權傾境外。得善之半也。柔弱畏敬，恐情損言，深思遠慮，臨正討怨。務長寡和，博厚積恩，利而不害，以明其善。與而不奪，以顯其名，賞而不罰，以立其惠，生而不殺，以成其仁。得善之半。凡此二功，勇敵敢均，計策桀馳，射身相非，與天異意，與地異心。奮情舒志，各肆所安，或以千乘〔六〕變爲亡虜，或以匹夫化爲君王。故，物或生之而爲福，或生之而爲禍，或殺之而爲福，或殺之而爲賊。二者深微，莫能窮測。

故生之而爲福者，天下之所祐；生之而爲禍者，天下之所惡也。養天下之所惡者，傷天下之所祐；養天下之所祐者，傷天下之所惡。一反一覆，或爲玄德；一覆一反，或爲玄賊。父事天地，子孫是得。故長養而後世昌者，生當生也；生物而後亡者，生當亡也；殺戮而福至者，殺當亡也；喪物而禍來者，殺當生也。天之所惡，不敢活也；天之所祐，不敢殺也；天之所損，不敢與也；天之所益，不敢奪也。是故，敢於不敢者之敢，動與天同符，静與地同極。天心所惡，莫之能辨。

夫天地之道，一陰一陽，分爲四時，離爲五行，流爲萬物，精爲三光。陽氣主德，陰氣主刑，覆載羣類，含吐異方。玄默無私〔七〕，正直以公，不以生爲巧，不以殺爲功。因應萬物，不敢獨行，吉之與吉，兇之與兇。損損益益，殺殺生生，爲善者自賞，造〔八〕惡者自刑。故無爲而物自生，無爲而物自亡，影與之交，響與之通。不求而物自得，不拘而物自從，無察而物自顯，無問而物〔九〕自情。故，不爭而無所不勝，不言而無所不應，不召而無所不來，寂然盪盪，無所不圖。惚恍之羅設，而無狀之網施，汎淫濵漠，遼遠留遲，密察無間，與物推移。故，在前而不可遠，在後而不可先，靜作而不可聞，進退而不可見，終始禍福，吉兇自反，非出天外，莫之能遁也。

〔一〕據怡蘭本、津逮本、學津本改。

〔二〕據怡蘭本、津逮本、學津本補。

〔三〕據怡蘭本、津逮本、學津本補。

〔四〕津逮本、學津本作「道」。

〔五〕津逮本、學津本作「柔」。

〔六〕津逮本、學津本作「桀」，疑誤。

〔七〕津逮本、學津本作「和」，疑誤。

〔八〕怡蘭本、津逮本、學津本作「爲」。

〔九〕怡蘭本作「無」，疑誤。

民不畏死篇

民不畏死，奈何以死懼之？若使民常畏死，而爲奇者，吾得執而殺之，夫孰敢矣？常有司殺者殺。而代司殺者殺，是代大匠斲。夫代大匠斲，希不傷其手。

〔指歸〕：人之情性，不知而忠信，有知而誕謾；得意而安寧，失意而圖非；窮困而輕死，安寧而愛身。何以明之？莊子曰：夫嬰兒未知而忠信於仇讎，及其壯大有識，欺殆〔一〕兄嫂。三軍得〔二〕意則下亡虜，窮谿之獸不避兕虎。其性非易，事理然也。由此觀之，民心不得，性命不全，則號令不能動也。憂愁慘怛，樂非輕死，則刑罰不能恐也。是故，好知之君，憂世勞民，祭燎天地，除禍去患，招善請福，禱祝鬼神，變化萬事，動以悦民。家知户辨，里有仁賢，違天之像，專任人心。以所見爲明，以所論爲當，廢名實，背事情，道理塞，而非譽興。天下大擾，百姓遑遑，勞苦疲極，困窮生姦。敢敗者榮而有功，輕死者肥而安寧，積善者瘦而多憂，畏法者飢而多患，寡弱者苦而思死，衆强者樂而君王。是以，天下趨名爭勢，不計是非，析毫剖芒，視死如歸，乃始告以峻法嚴刑，則是禁以所易而制以所輕也。故，刑戮並作，姦邪不止；賞禄施行，而大臣不使；萬民不附，諸侯不市。國非其國，身非其身也。

是以，聖人之牧民也，人主無爲而民無望，民無獲而主無喪也。其業易得而難失也，其化難犯而易行也，其衣易成而難弊也，其食易足而難窮也。故天下除嗜廢欲，樂生惡死者，皆重其神而愛其身，故形〔三〕可制而勢可禁也。

是以，俊雄英豪達通之人，不敢作福，不敢起威，故法立而不用，賞設而不施。（天）〔夫〕〔四〕何故哉？身重天地，物輕鴻毛，法峻刑嚴，知不敢淫也。

是故，帝王之道，無事無爲。目無所視，耳無所聽，心無所圖，口無所言。前後左右，各有所任，因應以督，安其成功。授以所懷，歸以所行，爵加明主，禄施進賢。作福者身死，竊威者宗亡，百官趨職，主無與焉。釋臣任主，則疏遠隱匿，親近尊顯，君道隔塞，政事亡矣。威嚴兩立，邪僞並起，陪臣陞進，君者得咎。君之威勢，滅而不揚；姦雄豪特，令行禁止。百姓冤結，萬方失理。忠臣悲憂，佞巧大喜。名實失當，賞罰妄擧。是猶使屍起哭而代大匠斵也。

夫死人無爲而子弟悲者，以爲死而不爲哭也；不與方圓而處大堂者，任大匠（面）〔而〕〔五〕身無作也。使屍起哭，則哭者亡；主人代匠斵，則功不成。是以明王聖主，正身以及天，謀臣以及民。法出於臣，秉之在君；令出於君，飾之在臣。臣之所名，君之所覆也；臣之所事，君之所謀也。臣名不正，自喪大命。故君道在陰，臣道在陽；君主專制，臣主定名；君臣隔塞，萬事自明。故人君有分，羣臣有職，審分明職，不可相代，各守其圓，大道乃得，萬事自明，寂然無事，無所不剋。臣行君道，則滅其身；君行臣事，必傷其國。

〔一〕學津本作「紿」。
〔二〕津逮本、學津本作「失」。
〔三〕津逮本、學津本作「刑」。
〔四〕據怡蘭本、津逮本、學津本改。
〔五〕據怡蘭本、津逮本、學津本改。

老子指歸卷之七〔一〕

人之飢篇

人之飢也，上食税之多，是以飢。百姓難治，以上有爲，是以不治。民之輕死，求生之厚，是以輕死。無以生爲，是賢於貴生。

〔指歸〕：道德之生人也，有分；天地之足人也，有分；侯王之守國也，有分；臣下之奉職也，有分；萬物之守身也，有分。禀受性命，陶冶羣形。開導心意，己得以生。藏府相承，血氣流行。表裏相應，上下相任。屈伸便利，視聽聰明。道德之所以分人也。含吐覆載，雲行雨施，雷風動作，日月更代。春生夏長，秋收冬藏，陰陽和洽，萬物豐盛。民人動作，皆足以生。天地之所以分人也。因道修德，順天之則。竭精盡神，趣時不息。抱信効素，歸於無極。纖微損儉，爲天下式。各守其名，皆修其德。樂生安俗，四海賓服。侯王之所以守任也。大通和正，直方不曲。忠信順從，奉其分職。善善惡惡，不變名實。不小其位，不賤其服。臣下之所以守員〔二〕也。小心敦樸，節儉强力。順天之時，盡地之力。適形而衣，和腹而食。日出而作，日入而止。不薄所處，不厭所食。萬民之所以守其身也。動靜失和，失道之分；耕織不時，失天之分；去彼任己，失君之分；創作知〔三〕僞，失臣之分；衣食不適，失民之分。失道之分，性不可然；失天之分，家不可安；失主之分，國不可存；失臣之分，命不可全；失民之分，身不可生。

守分如常，與天地通。損己餘分，與道俱行。祭祀不絕，後世繁昌。過分取大，身受不祥。重累相繼，後世有殃。此古人之所以棄損形骸、飢寒困窮者，以其動靜不和，耕織不時，適情順性，嗜欲不厭，食窮五味，衣重文綵，麗靡奢淫，不知畏天，功勞德厚，不剋其分，衣食之費，倍取兼人也。是以，身獲其患，事及子孫。故布衣弊而不周，疏食乏而不厭。百姓之所以偷利化惡，公廢私行，營家者富，圖國者貧，直者先死，廉者困窮，風流俗敗，是僞非真，毫亂豐擾，君子深藏，衆寡相暴，强弱相淩，貧者臣役，富家如王，以其淫主亂君不覩自然，反情縱欲，違道去天，飾知創作以順其心也。以是淳消樸滅，巧故孳生。奇物日進，不可勝形。佞諂親幸，邪僞者封。臣術大勝，君道浸壅。弊欺之路飾，滅危之患生。忠正之士疏而日遠，詐世之人羣而並翔。煞人不死，奸禁不論，權立勢行，威動三軍。目之所視，意之所指，應聲而至。在所欲存，俱過於世，或如彼，或如此，恍惚悒悒。存不如亡，生不如死。志勇膽横，瞋目相視。君臣相謀，父子相揆。湯鑊不能畏，鈇鉞不能止。民之所以細其命而大財寶，乘危狹，觸重禁，赴白刃，(胃)〔冒〕〔四〕流矢，不顧其身，得利爲右者，以其欲名之榮而求生之厚也。是以，失財亡爵，或傷腸(析)〔折〕〔五〕肝，狂易絞頸，損精棄神，心常樂死，擢刃自刑，或赴深水。是以，自然之道，常與物反。無身者生，有身者死；趨利者逢患，求福者得禍；不召自來，不迎而遇。我雖欲勿，然世不得解。故生生趨利，爲死之元也；無身去利，爲生之根也。雌下無名，可以無患；卑賤汙辱，可以無咎；蔬食藜羹，可以長厭；布衣鹿裘，可以長好；無以民爲，可以康寧；無以生爲，可以長久。是故，能除分損己，至於無取，卧則如尸，立則如表，不異變化，不殊生死，不貴侯王，不賤奴虜，唯在所遇，聽造化者，煞之不憂，生之不喜，然後與道爲人，與天地友，長生久視，終而復始，富貴無期，爲天下市。

〔一〕津逮本、學津本缺此卷。
〔二〕怡蘭本作「貞」。
〔三〕怡蘭本作「私」。
〔四〕據怡蘭本改。
〔五〕據怡蘭本改。

生也柔弱篇

人之生也柔弱，其死也堅强；草木之生柔脆，其死枯槁。故堅强者死之徒，柔弱者生之徒。故兵强不勝，木强則共，强大處下，小弱處上。

〔指歸〕：有物俱生，無有形聲，既無色味，又不臭香。出入無户，往來無門，上無所蒂，下無所根。清靜不改，以存其常，和淖纖微，變化無方。與物糅和，而生乎三，爲天地始，陰陽祖宗。在物物存，去物物亡，無以名之，號曰神明。生於太虚，長於無物，稟而不衰，授而不屈，動極無窮，靜極恍惚，大無不包，小無不入，周流無物之外，經歷有有之内。天犇地馳而不能及，陰騁陽騖而不能逮，響窮竭而不能應，影糜散而不能類。取而不能以息，予而不能以費，去取有分，無所憎愛，留柔居弱，歸於空虚，進退屈伸，常與德俱。爲道先倡，物以疏瞿，受多者聖智，得少者癡愚。故神明聖智者，常生之主也；柔弱虚靜者，神明之府也。

夫神明之在人也，得其所則不可去，失其所則不可存，威力所不能制，而智惠所不能然。苟能攝之，富貴無患，常在上位，久而益安。是以，人始生也，骨弱筋柔，血氣流行，心意專一，神氣和平。面有榮華，身體潤光，動作和悦，百節堅精。時日生息，旬月聰明。何則？神居之也。及其老也，骨枯筋急，發白肌羸，食飲無味，聽視不聰。氣力日消，動作月衰，思慮迷惑，取舍相違。及其死也，形槁容枯，舌縮體伸。何則？神去之也。草木之始生也，枝條潤澤，華葉青青，豐茂暢美，柔弱以和。何則？陽氣存也。其衰也。華葉黄悴，物色焦殃。及其死也，根莖枯槁，枝條堅剛。何則？陽氣去之也。

故，神明所居，危者可安，死者可活也；神明所去，寧者可危，而壯者可煞也。陽氣之所居，木可卷而草可結也；陽氣之所去，氣可凝而冰可折也。故神明、陽氣，生物之根也；而柔弱，物之蘗也。柔弱和順，長生之具而神明、陽氣之所託也。萬物隨陽以和弱也。故堅强實滿，死之形象也；柔弱滑潤，生之區宅也。凡人之性，憎西鄰之父者，以其强大也；愛東鄰之兒者，以其小弱也；燔燒枯槁者，以其剛强也；簪珥榮華者，以其和淖也。

是故，上無天子，諸侯相侵，敵國爭權，擧兵相臨，柔弱者勝，堅强者窮。夫何故哉？强大之兵，非以順天地，本和弱，主慈愛，誅驕暴，救不足，破貪叨也。將恃國家之勢，民人之衆，好起功名，劾其熊故，利人壤土，欲人財貨，樂殺安傷，夷人宗廟，喪人社稷，以顯其威重。屈約而畏下，乘人之利，而中其志。親之者死，事之者禍。咎責絶逆人心，煞戮不合天意。生而天下病，死而天下利。衆弱爲一，同憂共謀，雖有强名，實不得勝。夫何故哉？毒流死結，天道不祐也。

何以明之？昔强秦大楚，滅諸侯，并郡邑，富有國家，貴爲天子，權傾天下，威振四海，尊寵窮極，可謂强矣！垂拱而諸侯憂，蹻足而天下恐，發號而天心悲，擧事而神明擾。亡國破家，身分爲數。夫何故哉？去和弱而爲剛强也。及至神漢將興，遯逃龍隱，萬民求之，遂不得免。父天母地，愛民如子，賞功養善，師於天士。當敵應變，計如江海，戰勝攻取，降秦滅楚。天下欣欣，立爲天子。夫何故哉？順天之心而爲慈小也。

非獨人事，萬物然矣。夫巨木，高百尋，大連抱，頭剖中門，尾判中户，不蒙華實，常在於下，千枝萬木，舒條布葉，青青葱葱，共生其上者，以其形大而勢强也。

是故，神明之道，天地之理，小不載大，輕不載重。故强人不得爲王，强木不得處上。何則？强人爲王，萬國愁憂；强木處上，則根本枯槁。衆人爲大故居下，聖人爲小故居上。强大居下，小弱居上者，物自然也。

天之道篇

天之道，其猶張弓：高者案之，下者舉之，有餘者損之，不足者補之。天之道損有餘，補不足。人之道則不然，損不足奉有餘。孰能損有餘而奉天下？唯有道者。是以聖人爲而不恃，成功不居，不欲見賢。

〔指歸〕：天地未始，陰陽未萌，寒暑未兆，明晦未形，有物三立，一濁一清，清上濁下，和在中央。三者俱起，天地以成，陰陽以交，而萬物以生。失之者敗，得之者榮。夫和之於物也，剛而不折，柔而不卷，在天爲繩，在地爲準，在陽爲規，在陰爲矩。不行不止，不與不取，物以柔弱，氣以堅强，動無不制，静無不與。故，和者，道德之用，神明之輔，天地之制，羣生所處，萬方之要，自然之府，百祥之門，萬福之户也。故智者見之謂之智，仁者見之謂之仁，天下以之，日夜不釋，莫之能覩。夫何故哉？以其生物微而成事妙也。

是以，天地之道，不利不害，無爲是守，大通和正，順物深厚，不虛一物，不主一所，各正性命，物自然矣。故盛者自毁，張者自弛；隱者自彰，微者自顯；不足者益，有餘者損；存者自亡，生者自死；是非自反，吉凶自取。損不可逃，益不可距，禍無常留，福無常處，各受一分，不得兼有。故鱗者無毛，毛者無羽；觸者無牙，角者無齒；見於晝者滅於夜，得於前者失於後。再便重利，未之嘗有。

不大不小，固一不變，已中其網，不可得解。是以，日中而昃，月滿而缺，四時變化，一消一息。高山之下，必有深谷；大泉之流，必有激波。爍金湯石，存於凝冰；裂地之端，陰陽所成。

百工所爲，靡不由然。夫弓人之爲弓也，既殺既生，既翕既張，制以規矩，督以準繩。弦高急者，寬而緩之；弦弛下者，攝而上之；其有餘者，削而損之；其不足者，補而益之；弦質相任，上下相權，平正爲主，調和爲常。故弓可抨而矢〔一〕可行也。

夫按高舉下，損大益小，天地之道也。反天以順民，逆民以順道，賢者爲佐，聖人爲主，務愛有餘，以爲左右，智者居上，癡者居下，能大爵高，伎小官卑，功尠賞微，勞大禄重，侯王之道。欺敦愨，侮忠信，侵暴寡弱，臣役愚民，奪弛以與張，損小以益强，逆微順顯，以容其身，此衆人之道也。以大居小，以明居晦，以强居弱，以衆居寡，以達居窮，以高居下。故高而不可剩，盈而不可毁，大而不可破，滿而不可損，剛而不可折，柔而不可卷，孤而不可制，弱而不可取，愚而不可賤，無而不可有。天地祐之若子，人民助之若母，與和常翔，與道終始，天人交順，神明是守。至人之道也。

是以，聖人之動，無名爲務，和弱爲主。隱而不窮，榮而不顯。辭貴讓富，餘力不取。盈國不入，盈人不友。恒若有失，惕若遭咎。履道合和，常與物友。通天之經，達地之理，成功不居，德流不有。逃名遁勢，玄冥是處，滅端匿迹，無形是守。寂寞虚空，莫能奪與，魁然獨立，與天同道。夫何故哉？憚道之殃，不敢見賢也。

〔一〕怡蘭本作「失」。

柔弱於水篇

天下莫柔弱於水，而攻堅强者，莫之能先。其無以易之矣。夫水之勝强，柔之勝剛，天下莫不知，莫之能行。聖人言云：受國之垢，是謂社稷之主；受國不祥，是謂天下之王。正言若反。和大怨必有餘怨，安可以爲善？是以聖人執左契不以責於人。有德司契，無德司轍。天道無親，常與善人。

〔指歸〕：道德所包，天地所載，陰陽所化，日月所照，物類並興，紛繆雜亂，盛衰存亡，與時變化，積堅者敗，體柔者勝，萬物之理，自然之稱也。是故，水之所以能觸石貫金，崩山潰堤，周流消息，淪於無貲，廣大無窮，修遠無涯，明不可蔽，强不可加，濁而能清，少能復多，危能復寧，疾能復遲，與時變化，死而復生，浸濡萬物，養育羣形，布施而不費，贍物而不衰，注四海而不有功，配天地而無以爲，優游毫釐之內，翺翔九野之外，澤及蒼天之上，槃積黄壤之下，强扶天地，弱沉毛羽，微積集少，以成江海，上下無常，終而復始，進退屈伸，近於道者也，以其形體柔弱，動静待時，不設首嚮，和淖潤滑也。故百工之治，殊事異方。漚爛金石，破堅折剛。平微正妙，解緩羣形。和調五味，蕩滌臭腥。攻堅陷大，非水不行。

夫何故哉？衆物態能，莫之與雙也。故水之滅火，砥之利金。角齒傷折，舌耳無患。卑損制驕暴，雌辱勝大怨。天下莫不知，世俗莫不聞。皆用私心不已，莫有能行。故言爲禍匠，默爲害工。進爲妖式，退爲孽容。勞而無德，苦而無功。長去昭昭，久陷冥冥。大變爲小，存化爲亡。是故，明王聖主將傳國家，必有誓言：受國之垢，爲社稷之主；受國不祥，爲天下王。

何謂受國之垢？曰：食民所吐，服民所醜，居民所使，樂民所苦，務在順民，不遑適己。故民託之如父，愛之如母，願爲臣妾，與之俱死。是以，處寒磬之地，沙石之壤，僻迥之國，阸狹之野，困辱爲榮，存其宗祖，變禍爲福，長爲民主。

何謂受國不祥？曰：忍民所醜，受民所惡；當民大禍，不以爲德；計在喪國，不失天心；慮在殺身，不失民福。天地與之俛仰，人物與之反側，隨之東西，附之南北，所加者亡，所圖者服，天下蕩蕩，并爲一域，向風仰化，靡不蒙澤，故能矯邪振亂，無所不克，變化淫敗，以爲敦樸，功德至大，名勢窮極。夫何故哉？柔心弱志，輕己重民，安於醜辱也。

是故，正言若反，莫之能覆；近而若遠，莫之能測；求之大遠，莫之能得。何則？奢侈在己，素儉於人；邪枉在躬，求正於民；患禍生我，請福於天。天地示之不能見，神明告之不能聞。釋是廢然，好用私心。身動於此，事應於天，去己怨彼，天下大昏。罔以明法，誅以信刑，名實有孚，賞罰得中。公平無私，逾失天意，正直不邪，益失民心。刑戮并用，而姦益起，賞深賜重，而亂益生。當此之時，善人中罔，賢者陷刑，雖得名實，何可善焉？

是以聖人，執道之符，操德之信，合之於我，不以責人。故有德之主，將欲有爲，必稽之天，將欲有行，必驗符信。求過於我，不尤於民。歸禍於己，不怨於人。故是非自定，白黑自分。未動而天下應，未令而萬物然。

無德之人，務適情意，不顧萬民。政失亂生，不求於身。專司民失，督以嚴刑。人有過咎，家有罪名。百姓怨恨，天心不平。其國亂擾，後世有殃。

是故，天地之道，與人俱行。無適無莫，無疏無親。感動相應，若響與聲。静作相隨，若影與形。不邪不佞，正直若常。造惡與之否，行善與之通。柔弱與之相得，無爲與之合同。

小國寡民篇

小國寡民，使人有什伯之器而不用，使民重死而不遠徙。雖有舟輿，無所乘之；雖有甲兵，無所陳之。使人結繩而用之。甘其食，美其服，樂其俗，安其居。鄰國相望，雞犬之聲相聞，民至老死，不相往來。

〔指歸〕：國有大小，地有險易，民有衆寡，貨有多少，形有高卑，塗有遠近，勢有强弱，權有輕重。大勝小，易勝險，富勝貧，衆勝寡，高勝卑，近勝遠，强勝弱，輕勝重，物之理也。强弱在將，安危在相，得失在主，存亡在道。天無常與，民無常處，有德者歸之，無德者見背，自然之道也。故地廣民衆，將勇主嚴，不足以爲强；甲堅士練，城高池深，不足以爲安；辯利聽察，甘言浮説，假借阿順，不足以爲親；割地獻寶，結縱連横，黨衆興盛，不足以爲全。唯有道者無所不制。德厚澤深，無所不勝。小變爲大，弱轉爲强，輕化爲重，寡易爲衆。故君子所處，雖小必存；小人所居，雖大必亡。是以，小國之君，地狹民少，德薄權輕，諸侯不市，刑制不禁，無有丘阜之阻，江河之險，鄰國之親，孤特獨處，存乎大國之間，地寒磬而不足割，寶幣輕而不足獻，將相不附，百姓輕往，鄰人重求，故，無磐石之固，山陵之安，常處乎累卵之危。然則伐之不足以爲暴，德之不足以爲多，故，小國者危亡之樞而安寧之機也。

是以，聖人之治小國也，轉禍爲福，因危爲寧。富以舟輿，實以甲兵。器械便利，衣食有餘。牛馬蓄息，畜積充滿。什伯鄰國，以固民心。能而不爲，知而不作。滋味不活，庖厨不飾。絶身滅色，身爲之式。飲而後食，勞而後息。暑服一單，寒衣一複。期於和適，不厚其服。務以便生，不爲口腹。賦鮮徭寡，民有餘力。并兼之原絶，而增加之流息。風俗敦厚，遵儉忠慤。有而若亡，能而若劣。夫何故哉？建之以道，抱之以德。勞佚危寧，與民（苦）〔若〕〔一〕一。平心適和，聽以督實。敬順遜辭，以褒其神。聰明盛德，以匡〔二〕流失。鄰國不動，百姓和集。樂生安壽，惡爲盜賊。

當此之時，無鐘鼓而萬物足。百姓（知）〔和〕〔三〕洽，臣主相得。安土樂生，故死於巖穴。遷徙去鄉，利雖百倍，不離其國。家有舟輿，無所運乘。户有甲兵，無所施力。何則？將相明知，人君有道，民務耕織，多積爲好。鄙樸在上，柔弱爲右，貴忠敬信，下力賤巧。法明俗定，上下相保，未令而民從，不戰而敵恐，求利者不議難勝，趨名者不圖無罪。塊然獨安，百姓不擾。損知棄爲，復歸太古。結繩而識期，素情而語事。約物修文，亡言寡志。皆合自然，各得其所。蔬食藜羹，無味爲甘。布衣鹿裘，無文爲好。危狹險阻，慓慓爲寧。寒襞僻迴，厲以爲厚，安樂謡俗，便習水土。道隆德盛，和睦鰥寡。接地鄰境，各自保守。精神不耗，魂魄不毁。性命全完，意欲窮盡。雞狗之音相聞，民人薪菜登山相視，澗溪共浴，相去甚近，君臣不相結，男女不相聚。自生至老，老而至死，非傳主命，莫有來往。

〔一〕據怡蘭本改。
〔二〕怡蘭本作「匡」。
〔三〕怡蘭本作「和」。

信言不美篇

信言不美，美言不信；知者不博，博者不知；善者不辯，辯者不善。是故，聖人不積。既以爲人己愈有，既以與人己愈多。天之道，利而不害；聖人之道，爲而不爭。

〔指歸〕：虛實相歸，有無相生。寒暑相反，明晦相隨。陰消而陽息，陽息而陰消。本盛則末毁，末毁則本衰。天地之道，變化之機也。凡此數者，聰明之門，情僞之根，嫌疑之尺寸，眩耀之權衡也。因其本，修其無，開以天心，督以自然，要而推之，約而歸之，察近知遠，觀覆覩反，聞名識實，見始知卒，聽聲見形，以喻得失，則是千歲之情同符而萬世之爲共術，天地之心可見而鬼神之意可畢。況乎人事哉？

人懷自然之道，達人情之理，秉造化之元，明異同之紀，故若言中適，淡淡和德，謂之信者：下之所仰於上，彼之所取於此，强大之元，威令之始，民人所助，成功之首，權勢所因，名號所起也。故一人唱而千人和，一人動而萬人隨，破强敵，陷大衆，赴水火，之危亡，死不旋踵而民不恨者，信也。

甘言流説，衆諸美大，謂之不信。何謂不信？言而不然，謂之不信。人而不信，德澤不立，威勢不行，權重不顯，名號不明，賞之不使，罰之不禁。故上下不附，舉事無功，雖貴而無位，高而無民，孤特獨處，社稷不寧，天下望幸，盡遇罪刑者，美言也。

反本歸根，離末去文，元元始始，寡以然衆，一以應萬，要以制詳，約守真一，謂之少聞。少聞故能知。何謂知？達人之情以及神明之謂知。知者，保身之數，全國之具也；上之所依，下之所附，導天之經，達道之路也。故總安危之大範，秉治亂之至要，使海内之士，盡忠竭能，分職奉公，以寧其上，權勢流行，威德隆盛者，知也。

心識萬端，目闚人事，無所窮極，衆臣分散，謂之博聞。博聞故不知。何謂不知？嫌於天道，疑於人事，之謂不知。不知之徒，安樂萬事。内多思慮，外多喜欲。既有所憎，又多所惡。易誘以生，可脇以死。故見奇而動，臨危而畏，眩耀物類，詭誑時變，違通背達，歸於窮困，動與患鄰，静與禍比，宗廟危殆，萬民散離者，博聞也。

四通博達，容疏言訥，謂之不辯。輓輓而成，默默而信，故能成（喜）〔善〕〔一〕。何謂成善？動合天心，静得地意，言無不通，默無不利，謂之善。夫善者，君子所本，百行所長。吉祥所合，萬福所往。流而不竭，用而不絶。萬王不變，異俗不易。天地所與，神明所益。故上以順天，下以順人，爲治元始，事之恒常。成理萬物，覆載羣生，天下懷慕，繼之無窮者，善也。

不識元首，不睹根本，誣天誣地，誣人誣鬼，屬辭變意，故謂之辯。抱嫌履疑，順心妄動，尚言美辭，故生不善。何謂不善？動與天逆，靜與地反，言傷人物，默而害鬼，之謂不善。不善之人，分道別德，散樸澆醇，變化文辭，依義託仁，設物符驗，連以地天，因生熊羆，世俗所尊，反指覆意，逃實遁名，耀人寂泊，惑人無端，廢直立僞，務以諂君，飾辭以愉其上，朋黨以趣主心，開知故之迹，閉忠正之門，操阿順之術，以傾國家之權，生息暴亂，生育大姦，天下上舌，世濁主昏，壅蔽閉塞，以之危亡者，辯也。

是故聖人，愼戒其始，絶其未萌，去辯去知，去文去言。虛靜柔弱，玄默素眞，隱知藏善，導以自然。是非白黑，昭如日月，同異眞僞，如地如天。空虛無積，與物俱變，無爲爲之，與物俱然。畜之不盈，散之未既，包裹萬方，博者深思不見其緒，辯者遠慮不聞其端。施而不屈，變化不窮，終而覆始，大明若昏。既以爲人，己愈佚；盡以治人，己益明；既以生人，己愈壽；盡以教人，己以益。既陽且陰，陰而又陽，利而不害，與天地同。生而不殺，與神明通，建德流澤，常處顯榮。辭巧讓福，歸於無名，爲而不恃，與道俱行。

〔一〕據怡蘭本改。

老子指歸輯佚

道可道篇

道可道，非常道；名可名，非常名。無名天地之始，有名萬物之母。故常無欲，以觀其妙；常有欲，以觀其徼。此兩者同出而異名，同謂之玄。玄之又玄，衆妙之門。（王弼本老子第一章）

（一）太上之象，莫高乎道德，其次莫大乎神明，其次莫大乎太和，其次莫崇乎天地，其次莫著乎陰陽，其次莫明乎大聖。夫道德所以可道而不可原也，神明所以可存而不可伸也，太和所以可體而不可化也，天地所以可行而不可宣也，陰陽所以可用而不可傳也，大聖所以可觀而不可言也。故，度之所度者知，而數之可數者少；知之所知者淺，而爲之所爲者薄。至衆之衆不可數，而至大之大不可度；微妙窮理，非智之所能測；大成之至，非爲之所能得；天地之間，禍亂患咎，非事之所能克也。故不道之道，不德之德，政之元也；不名之名，亡功而功，化之根也。

是故，王者有爲而天下有欲，去醇而離厚，清化而爲濁，開人耳目，示以聲色，養以五味，説以功德，教以仁義，導以禮節，民如寢覺，出於冥室，登丘陵而盼八方，覽參辰而見日月，故化可言而德可列，功可陳而名可別。是以，知放流，而邪僞作；道德壅蔽，神明隔絶；百殘萌生，太和消竭。天下偟偟迷惑，馳騁是非之境，失其自然之節。情變至化，糅於萬物；悴憔黧黑，懮患滿腹；不安其生，不樂其俗；喪其天年，皆傷暴虐。是以，君臣相顧而營營，父子相念而戀戀，兄弟相懮而悽悽，民人恐懼而僂身。僂身相結，死不旋踵，爲患禍也。父子戀戀，兄弟悽悽，昏定晨省，出辭入面，爲夭傷也。臣見其君，五色無主，疾趨力拜，翕肩促肘，稽首膝行，以嚴其上者，爲不相親也。故可道之道，道德彰而非自然也；可名之名，功名顯而非素真也。（宋張君房雲笈七籤卷一引）

（二）有名，非道也；無名，非道也。有爲，非道也；無爲，非道也。無名而無所不名，無爲而無所不爲。（元劉惟永道德真經集義引）

（三）無名無朕，與神合體，天下恃之，莫知所以，變於虛無，爲天地始。（宋陳景元道德真經藏室纂微篇引）

（四）有名者之爲化也，遵道德，貴神明，師太和，則天地，故爲萬物母。（宋陳景元道德真經藏室纂微篇引）

（五）無欲者，望無望；觀其妙者，鑑太清也。（唐强思齊道德真經玄德纂疏引）

（六）心如金石，形如枯木，默默隅隅，志如駒犢者，謂無欲之人。復其性命之本也。且有欲之人，貪

逐境物，亡其坦夷之道，但見邊小之繳，迷而不反，喪失真元。（元劉惟永道德真經集義引）

天下皆知篇

天下皆知美之爲美，斯惡已；皆知善之爲善，斯不善已。故有無相生，難易相成，長短相較，高下相傾，音聲相和，前後相隨。是以聖人處無爲之事，行不言之教，萬物作焉而不辭，生而不有，爲而不恃，功成而弗居。夫唯弗居，是以不去。（王弼本老子第二章）

（七）人之聰明可絶而不可散，人之情欲可逆而不可順。飭人之容，傷人之性；養人之欲，損人之命。世人所謂美善者，非至美至善也。夫至美，非世所能見；至善，非世所能知也。（唐强思齊道德真經玄德纂疏引）

（八）無以有亡，有以無形。難以易顯，易以難彰。寸以尺短，尺以寸長。山以谷摧，谷以山傾。音以聲別，聲以音停。先以後見，後以先明。故無無則無以見有，無有則無以知無；無難無以知易，無易無以知難；無長無以知短，無短無以知長；無山無以知谷，無谷無以知山；無音無以知聲，無聲無以知音；無先無以知後，無後無以知先。凡此數者，天地之驗，自然之符，陳列暴慢，然否相隨，終始反覆，不可別離，

神明不能遁，陰陽不能違。由此觀之，帝王之事不可以有爲爲也。（宋陳景元道德真經藏室纂微篇引）

（九）昭昭不常存，冥冥不常然。榮華扶疎，始於仲春；薺麥陽物，生於秋分；冬至之日，萬物滋滋；夏至之日，萬物愁悲。（宋陳景元道德真經藏室纂微篇引）

（一〇）夫唯不敢寧居而增修其德者，則忘功而功存，故不居而不去。化與道均，不望其功，德與天齊，不求其報，遁功逃名，深隱玄域。雖欲不居，是以不去也。（唐强思齊道德真經玄德纂疏引）

不尚賢篇

不尚賢，使民不爭；不貴難得之貨，使民不爲盜；不見可欲，使民心不亂。是以聖人之治，虛其心，實其腹；弱其志，强其骨。常使民無知無欲，使夫智者不敢爲也。爲無爲，則無不治。（王弼本老子第三章）

（一一）世尚禮義則人爭，而不逮則爲僞。（唐强思齊道德真經玄德纂疏引）

（一二）盛德者爲主，微劣者爲臣，賢者不萬一，聖人不世出。（宋陳景元道德真經藏室纂微篇引）

（一三）譬如使駑馬、騑騮并馳於夷道，鴻鵠、鵜鶘雙翼於青雲，則賢不肖可知矣。（宋陳景元道德真經藏室纂微篇引）

（一四）藏珠寶玉則人求，而不贍則爲盜。發揚三五則人悅，悅而不窮則邪亂也。（唐强思齊道德真經玄德纂疏引）

（一五）世不尚賢則民不趨，不趨則不争，不争則不爲亂。世不貴貨則民不欲，不欲則不求，不求則不爲盜。世絶三五則民無喜，無喜則無樂，無樂則不淫亂，此自然之數也。（宋陳景元道德真經藏室纂微篇引）

（一六）虚心以静氣，專精以積神。寂然無爲，泊然無治。（唐强思齊道德真經玄德纂疏引）

（一七）無爵禄以勸之，而孝慈自起；無刑罰以禁之，而姦邪自止。反真復素，歸於元始，世主無爲，天人交市：翱翔自然，物物而治也。（唐强思齊道德真經玄德纂疏引）

道冲篇

道冲而用之或不盈，淵兮似萬物之宗。挫其鋭，解其紛，和其光，同其塵。湛兮似或存，吾不知誰之子，象帝之先。（王弼本老子第四章）

（一八）道以至虚，故動能至冲，德以至無，故動而至和，萬物得之莫有不通冲和者。道德之用，神明之常，天地所遵，陰陽所宗也。（唐强思齊道德真經玄德纂疏引）

（一九）爲沖者不沖，爲和者不和，不爲沖和，乃得沖和。沖以虛爲宅；和者，無爲家。能虛能無，至沖有餘；能無能虛，常與和俱。（宋陳景元道德眞經藏室纂微篇引）

（二〇）有志而無銳，有心而無思，設無設之設，圖無圖之圖也。（唐强思齊道德眞經玄德纂疏引）

天地不仁篇

天地不仁，以萬物爲芻狗；聖人不仁，以百姓爲芻狗。天地之間，其猶橐籥乎？虛而不屈，動而愈出。多言數窮，不如守中。（王弼本老子第五章）

（二一）天高而清明，地厚而順寧，陰陽交通，和氣流行，泊然無爲，萬物自生焉。天地非傾心移意，勞精神，務有事，悽悽惻惻，流愛加利，布恩施厚，成遂萬物而有以爲也。明王聖主，秉道統和，清靜不改，一以變化，神明默達，與道同儀，天下應之，萬物自化。聖人非竭智盡能，擾心滑志，損精費神，不釋思慮，徨徨顯顯，仁生事利，領理萬人而有以爲也。（宋陳景元道德眞經藏室纂微篇引）

（二二）天地釋虛無而事愛利，則變化不通，物不盡生。聖人釋虛無而事愛利，則德澤不普，海內不并，恩不下究，事不盡成。何則？仁愛之爲術也有分，而物類之仰化也無窮，操有分之制以授無窮之勢，其不相贍，由川竭而益之以泣也。（宋陳景元道德眞經藏室纂微篇引）

（二三）蟣蝨動於毛髮，則寢之不安；蚊𧉅著於皮膚，則精神騷動，思慮不通；外傷蜂蠆之毒，則中心爲之慘痛；未害於耳目，而百節爲之不用。（宋陳景元道德真經藏室纂微篇引）

（二四）天地不言，以其虛無，得物之中，生物不窮。聖人不言，法令虛而合物則。天獄空而無禁，鬼神靜而無爲。天下蕩蕩，不識不知而大治也。（唐强思齊道德真經玄德纂疏引）

（二五）言出則患入，言失則亡身。（元劉惟永道德真經集義引）

谷神不死篇

谷神不死，是謂玄牝。玄牝之門，是謂天地根。緜緜若存，用之不勤。（王弼本老子第六章）

（二六）太和妙氣，妙物若神，空虛爲家，寂泊爲常，出入無竅，往來無間，動無不遂，靜無不成，化化而不化，生生而不生也。（唐强思齊道德真經玄德纂疏引）

（二七）牝以雌柔而能生，玄猶幽遠而不見，雖子物如母，莫覩其形。（唐强思齊道德真經玄德纂疏引）

（二八）太和之所以生而不死，始而不終，開導神明，爲天地之根元。（唐强思齊道德真經玄德纂疏引）

（二九）動靜玄妙，若亡若存，成物遂事，無所不然，光而不滅，用之不勤者，以其生不生之生，體無形之

形也。（唐强思齊道德真經玄德纂疏引）

天長地久篇

天長地久。天地所以能長且久者，以其不自生，故能長生。是以聖人後其身而身先，外其身而身存。非以其無私邪？故能成其私。（王弼本老子第七章）

（三〇）聖人威震八表，聰明四達，委慮於無欲，歸計於不爲，卑身以尊天，後己以安人，故不爲而成，不言而信，人願爲主。故先人逆身以順道，外己以安人，功大無外而不可見，德高如蓋而不可聞，化與神明通流，壽與山川爲常，故存。（唐强思齊道德真經玄德纂疏引）

上善若水篇

上善若水。水善利萬物而不争，處衆人之所惡，故幾於道。居善地，心善淵，與善仁，言善信，正善治，事善能，動善時。夫唯不争，故無尤。（王弼本老子第八章）

（三一）人者，體柔守弱，去高處下，受辱如地，含垢如海，言順人心，身在人後。人之所惡，常獨處之，恬若無心，蕩若無已，變動無常，與道流止。去己任因，莫過於水，帝王體之，用之爲治。其德微妙，有何懮矣？（唐强思齊道德真經玄德纂疏引）

持而盈之篇

持而盈之，不如其已；揣而梲之，不可長保；金玉滿堂，莫之能守；富貴而驕，自遺其咎：功遂身退，天之道。（王弼本老子第九章）

（三一）汙衆趣時，以致財貨，財貨愈重，神明愈耗。財貨累積以生患咎，不如未盈而止者矣。（唐强思齊道德真經玄德纂疏引）

（三三）砥心鋭志，運籌策蓍，智能爵尊，名達身進：神去，安可長保也？（唐强思齊道德真經玄德纂疏引）

（三四）富貴之於我也，猶登山而長望也；名勢之於我，猶奔電之忽過也。（宋陳景元道德真經藏室纂微篇引）

（三五）金玉之與身，而名勢之與神，若冰若炭，勢不俱存。故名者，神之穢也；利者，身之害也。養神之穢，積身之害，損我之所成，而益我之所敗，得之以爲利，失之以爲害，則彼思慮迷而趣舍悖也。（宋陳

景元道德真經藏室纂微篇引）

（三六）益我貨者損我神，生我名者殺我身。患生於我，不由於人；福生於我，不由於天。（宋陳景元道德真經藏室纂微篇引）

（三七）富貴而不驕，易言而難行；身愈尊貴，志愈高遠。而富貴而驕，猶炬得火，舉明愈大，炬明愈盡，可不慎乎！（唐强思齊道德真經玄德纂疏引）

載營魄抱一篇

載營魄抱一，能無離乎？專氣致柔，能嬰兒乎？滌除玄覽，能無疵乎？愛民治國，能無知乎？天門開闔，能無雌乎？明白四達，能無爲乎？生之，畜之，生而不有，爲而不恃，長而不宰，是謂玄德。（王弼本老子第十章）

（三八）不有不恃，不以不宰，變化冥冥，天地自理。去華離末，歸初反始，禍絶於我，亂亡於彼。福起於天，德生於地，然默默輓輓，萬物齊均。其德玄冥，莫之見聞也。（唐强思齊道德真經玄德纂疏引）

三十輻篇

三十輻共一轂，當其無，有車之用；埏埴以爲器，當其無，有器之用；鑿户牖以爲室，當其無，有室之用。故有之以爲利，無之以爲用。（王弼本老子第十一章）

（三九）太古聖人之牧民也，因天地之所爲，不事乎智巧，飲則用瓢，食則用手，萬物齊均，無有高下。及至王者有爲，賦重役煩，百姓罷極，上求不猒，貢獻遼遠，男女負載，不勝其任，故智者作爲推轂，駕馬服牛，負重致遠，解緩民勞。復世相承，巧作滋生，雕琢斑轂朱輪，飾以金銀，加以翠璣，一車之費，足以貧民。是以老氏傷創作之害道德，明爲善之生禍亂也，故舉車、器、室三事，說有、無、利、用之相資，因以垂戒云。（宋陳景元道德真經藏室纂微篇引）

（四〇）道德衰廢之時，憂患攻其內，陰陽賊其外，民人薄弱，羸瘦多疾，是故，水火齊起，五味將形，生熟不別，乾漬不分，故智者埏土爲器，以熟酸鹹，遂至田猎奢淫，殘賊羣生，刳胎殺㲉，以順君心，雕琢珠玉，以爲盂盤，樸散爲器，一至於斯。（宋陳景元道德真經藏室纂微篇引）

（四一）人心既變，萬物怨恨，蟲蛇起，毒螫作，禽獸害人，於是巖穴之中，不足以御患難，全性命，終天年，故智者作爲居室，上棟下宇，穿窗候望，堅關固閉，開闔疾利，蜂蠆不得入，禽獸不得至。而後遂至華臺、危閣、阿房之殿，大關守險，築城爲固，士卒疲倦，死者無數。然而上世以爲治，後世以爲亂者，此乃有、無、利、用相因之弊蓋在乎人爾！（宋陳景元道德真經藏室纂微篇引）

五色篇

五色令人目盲，五音令人耳聾，五味令人口爽，馳騁畋獵令人心發狂，難得之貨令人行妨。是以聖人爲腹不爲目，故去彼取此。（王弼本老子第十二章）

（四二）淫於五色之變，視不見禍福之形色者，陷目之錐也。佚於五音之變者，聽不聞吉兇之聲者，塞耳之椎也。美於五味之變者，口不中是非之情味者，斬舌之器也。（唐强思齊道德真經玄德纂疏引）

（四三）樂於田獵之變者，思不免於狂惑。田獵者，狂惑之帥也。（唐强思齊道德真經玄德纂疏引）

（四四）貪於貨財之變，慮不免於邪傾。財貨者，害本之物矣。（唐强思齊道德真經玄德纂疏引）

（四五）夫聖人者，服無色之色，聽無聲之聲，味無味之味，馳騁無境之域，經歷無界之方，發無形之網，獲道德之心矣！（唐强思齊道德真經玄德纂疏引）

寵辱若驚篇

寵辱若驚，貴大患若身。何謂寵辱若驚？寵，爲下得之若驚，失之若驚，是謂寵辱若驚。何謂貴大患若身？吾所以有大患者，爲吾有身，及吾無身，吾有何患！故貴以身爲天下，若可寄天下；愛以身爲天下，若可托天下。（王弼本老子第十三章）

（四六）休心道德，記志神明，和爲中主，澹若不生。無計之計，經營天地；無慮之慮，翱翔混冥；存忘變化，不以爲異；尊寵卑賤，無所少多。貴大亡於身，故大患不能得，天網不能取也。（唐强思齊道德眞經玄德纂疏引）

視之不見篇

視之不見名曰夷，聽之不聞名曰希，搏之不得名曰微。此三者不可致詰，故混而爲一。其上不皦，其下不昧，繩繩不可名，復歸於無物。是謂無狀之狀，無物之象，是謂惚恍。迎之不見其首，隨之不見其後。執古之道，以御今之有，能知古始，是謂道紀。（王弼本老子第十四章）

（四七）夫鴻之未成，剖其卵而視之，非鴻也。然其形聲首尾皆已具存，此是無鴻之鴻也。而況乎未有鴻卵之時而造化爲之者哉！由此觀之，太極之原，天地之先，素有形聲端緒而不可見聞，亦明矣。不以視視者，能見之；不以聽聽者，能聞之；不以循循者，能得之；不以言言者，能辯之。是故，無形之形，天地以生，謂之夷。無聲之聲，五音以始，謂之希。無緒之緒，萬端以起，謂之微。（宋陳景元道德真經藏室纂微篇引）

（四八）沉沉汎汎，復歸虛空，曲成萬物，皆得以存，窮微極妙，盡得以然，周流上下，莫覩其無也。（唐强思齊道德真經玄德纂疏引）

（四九）無狀之狀，無所不狀；無象之象，無所不象；光於惚恍，無所不顯；大而若小，存而若亡也。（唐强思齊道德真經玄德纂疏引）

（五〇）執古自然以御於今，不爲夷狄變則，不爲中國改容。一以知始，一以知終，仰制於道，物無不懸。無所不主，無所不臨，其職溥大，無所不然。爲虛綱紀，天地祖宗也。（唐强思齊道德真經玄德纂疏引）

古之善爲士篇

古之善爲士者，微妙玄通，深不可識。夫唯不可識，故强爲之容：豫焉若冬涉川，猶兮若畏四鄰，儼兮其若客，涣兮若冰之將釋，敦兮其若樸，曠兮其若谷，混兮其若濁。孰能濁以静之徐清？孰能安以久動之徐生？保此道者不欲盈。夫唯不盈，故能蔽不新成。（王弼本老子第十五章）

（五一）上通道德之意，下達神明之心，秉天地之常，挾陰陽之變，猶以隱匿形容，絶滅端緒，作事由反，不可識知。（唐强思齊道德真經玄德纂疏引）

（五二）無留礙爾。客者，因應而不創，順道從天。常如儼客，不爲主人易堂宇、改妻妾爾。冰者，常陰而不陽，静而不譁，隨事變化，與物推移。柔弱潤滑，無所不可，猶冬積爲冰，春釋爲水，天順時也。（唐强思齊道德真經玄德纂疏引）

致虚極篇

致虚極，守静篤，萬物並作，吾以觀復。夫物芸芸，各復歸其根。歸根曰静，是謂復命。復命曰常。知常曰明；不知常，妄作，兇。知常，容。容乃公，公乃王，王乃天，天乃道，道乃久。没身不殆。（王弼本老子第十六章）

（五三）道德虛無，故能稟授；天地清靜，故能變化；陰陽反覆，故能生殺；日月進退，故能光曜；四時始終，故能育成。釋虛無，則道德不能以然；去清靜，則天地不能以存；往而不反，則陰陽不能以通；進而不退，則日月不能以明；終而不始，則萬物不能以生。是故，有而反無，實而歸虛，心無所載，志無所障，無爲如塞，不憂如狂，抱真履素，捐棄聰明，不知爲首，空虛爲常，則神明極而自然窮矣！動作反身，思慮復神；藏我於無心，載形於無身；不便生者不以役志，不利天者不以滑神；事易而神不變，内流而外不化；覆視反聽，與神推移，上與天遊，下與世交；神守不擾，生氣不勞，趣舍屈伸，正得中道。（宋陳景元道德真經藏室纂微篇引）

（五四）始於無爲，動於無形，發於時和，以遂成功也。（唐强思齊道德真經玄德纂疏引）

（五五）天地反覆，故能長久；人復寢寐，故能聰明；飛鳥復集，故能高翔；走獸復止，故能遠騰；龍蛇復蟄，故能章章；草木復本，故能青青。化復，則神明得位，與虛無通，魂休魄息，各得所安，志寧氣順，血脈和平。（宋陳景元道德真經藏室纂微篇引）

（五六）失道之人，廢棄經常，事其聰明，縱其志欲，妄作兇行。故，知以受禍，明以造殃，深察以死，博辯以亡。夫何故哉？不反元始，不復本根，動與道乖，靜與神殊。存，故不能存也；然，故不能然也。（唐强思齊道德真經玄德纂疏引）

（五七）游心於虚静，結志於微妙，委慮於無欲，歸指於無爲，故能達生延命，與道爲久。（宋張君房雲笈七籤卷三十二引）

太上篇

太上，下知有之。其次，親而譽之。其次，畏之。其次，侮之。信不足焉，有不信焉。悠兮其貴言。功成事遂，百姓皆謂我自然。（王弼本老子第十七章）

（五一）人樂爲主，曰帝也。（唐强思齊道德真經玄德纂疏引）

絶學篇

絶學無憂。唯之與阿，相去几何？善之與惡，相去若何？人之所畏，不可不畏。荒兮其未央哉！衆人熙熙，如享太牢，如登春臺，我獨泊兮其未兆，如嬰兒之未孩，儽儽兮若無所歸。衆人皆有餘，而我獨若遺。我愚人之心也哉？沌沌兮！俗人昭昭，我獨昏

昏；俗人察察，我獨悶悶。澹兮其若海，飂兮若無止。衆人皆有以，而我獨頑似鄙。我獨異於人，而貴食母。（王弼本老子第二十章）

（五九）俗學則尊辯貴知，羣居黨議，吉人得之以益，兇人得之以損。天地之内吉人寡而兇人衆，故學之爲利也淺而爲害也深。夫兇人之爲學也，猶虎之得於羽翼，翱翔遊於四海，擇肉而食。聖人絶之，天下休息，不教而自化，不令而自伏也。（唐强思齊道德真經玄德纂疏引）

曲則全篇

曲則全，枉則直，窪則盈，敝則新，少則得，多則惑，是以聖人抱一，爲天下式。不自見，故明；不自是，故彰；不自伐，故有功；不自矜，故長。夫唯不爭，故天下莫能與之爭。古之所謂曲則全者，豈虚言哉！誠全而歸之。（王弼本老子第二十二章）

（六〇）侯王雖聖，猶以爲曲，任百官而理，其德則全也。（唐强思齊道德真經玄德纂疏引）

（六一）所約者寡，所得者衆，猶爲寡少而物物自得當矣。（唐强思齊道德真經玄德纂疏引）

（六二）信己思慮，不取於人，多言多知，則狂亂也。（唐强思齊道德真經玄德纂疏引）

（六三）聖人不自矜見其明，任天下之目以視天下，故離婁不得齊其明矣。（唐强思齊道德真經玄德纂疏引）

（六四）「伐」，猶攻伐也。因天下之怒以伐天下，故黄帝不能與並威；因天下之力以戰天下，故湯武不能與之量功，是以普天下可任，諸侯之後可臣也。（唐强思齊道德真經玄德纂疏引）

（六五）夫影之隨形，響之應聲，既不與物爭，誰爭之？（唐强思齊道德真經玄德纂疏引）

希言自然篇

希言自然。故飄風不終朝，驟雨不終日。孰爲此者？天地。天地尚不能久，而況於人乎？故從事於道者，道者同於道，德者同於德，失者同於失。同於道者，道亦樂得之；同於德者，德亦樂得之；同於失者，失亦樂得之。信不足焉，有不信焉。（王弼本老子第二十三章）

（六六）事從於道，道從於事；事從於德，德從於事；事從於失，失從於事。（唐强思齊道德真經玄德纂疏引）

（六七）「信不足」，謂主身也；「有不信」，謂天人也。（唐强思齊道德真經玄德纂疏引）

企者不立篇

企者不立，跨者不行，自見者不明，自是者不彰，自伐者無功，自矜者不長。其在道也，曰餘食贅行。物或惡之，故有道者不處。（王弼本老子第二十四章）

（六八）萬人未動，天下未應，爲之起兵，失君之道。爲兵之道，失君之機，萬民怨恨，天心不平，宗廟危殆，終身無功也。（唐强思齊道德真經玄德纂疏引）

有物混成篇

有物混成，先天地生，寂兮寥兮，獨立不改，周行而不殆，可以爲天下母。吾不知其名，字之曰「道」。强爲之名，曰「大」。大曰逝，逝曰遠，遠曰反。故道大，天大，地大，王亦大。域中有四大，而王居其一焉。人法地，地法天，天法道，道法自然。（王弼本老子第二十五章）

（六九）功德同也。（唐强思齊道德真經玄德纂疏引）

重爲輕根篇

重爲輕根，静爲躁君，是以聖人終日行不離輜重。雖有榮觀，燕處超然，奈何萬乘之主而以身輕天下？輕則失本，躁則失君。（王弼本老子第二十六章）

（七〇）言君好輕躁，如樹之根本而摇動。根摇動，則枝木枯而槁矣。人主不静，則百姓摇蕩，宗廟傾危，則失其國君之位也。（唐强思齊道德真經玄德纂疏引）

知其雄篇

知其雄，守其雌，爲天下谿。爲天下谿，常德不離，復歸於嬰兒。知其白，守其黑，爲天下式。爲天下式，常德不忒，復歸於無極。知其榮，守其辱，爲天下谷。爲天下谷，常德乃足，復歸於樸。樸散則爲器，聖人用之則爲官長，故大制不割。（王弼本老子第二十八章）

（七一）於嬰兒復歸於志。於嬰兒蠢然無而無知也。（唐强思齊道德真經玄德纂疏引）

(七二)反於未生，復於未始，與道爲常，歸於無極矣。（唐强思齊道德真經玄德纂疏引）

(七三)道德是祐，神明是助，道足德足，則萬物大淳樸矣。（唐强思齊道德真經玄德纂疏引）

取天下篇

將欲取天下而爲之，吾見其不得已。天下神器，不可爲也。爲者敗之，執者失之。故物或行或隨，或歔或吹，或强或羸，或挫或隳。是以聖人去甚，去奢，去泰。（王弼本老子第二十九章）

(七四)天下者，神靈所成，太和所遂。神靈所察，聖智所不能及而威力之所不能制。（唐强思齊道德真經玄德纂疏引）

(七五)「甚」，有爲也。「奢」，不中和也。「泰」，高大也。故去之也。（唐强思齊道德真經玄德纂疏引）

佳兵篇

夫佳兵者，不祥之器。物或惡之，故有道者不處。君子居則貴左，用兵則貴右。兵者，不祥之器，非君子之器。不得已而用之，恬淡爲上，勝而不美。而美之者，是樂殺人。夫樂殺人者，則不可以得志於天下矣。吉事尚左，兇事尚右。偏將軍居左，上將軍居右，言以喪禮處之。殺人之衆，以哀悲泣之。戰勝，以喪禮處之。（王弼本老子第三十一章）

（七六）君子者，有土之君也。貴左者，尚生長也。（唐强思齊道德真經玄德纂疏引）

知人者智篇

知人者智，自知者明。勝人者有力，自勝者强。知足者富，强行者有志，不失其所者久，死而不亡者壽。（王弼本老子第三十三章）

（七七）不知人，則無以通事，不通事，則無以交世。不自知，則無以知天，不知天，則無以睹未然。不勝人，則無以在上，不在上，則無以爲王。不自勝，則無以自得，不自得，則無以得人。不知足，則無以知富，不知富，則無以止欲。不强行，則無以順道，不順道，則無以得意。動作非任，無以得和，不得和，則無以久生。不久生，則無以畜精神，精神不積，無以得壽。故，立身經世，興利除害，接物通變，莫廣乎知人。攝聰畜明，建國子民，達道之意，知天之心，莫大乎自知。柄政履民，建法立儀，設化施令，正海內，臣諸侯，莫貴乎勝人。奉道德，順神明，承天地，和陰陽，動靜進退，曲得人心，莫崇乎自勝。治家守國，使民佚樂，處順恭謹，慈孝畏法，莫高乎知足。遊神明於昭昭之間，恬憺安寧，尊顯榮華，莫善乎得意。任官奉職，事上臨下，成人之業，繼人之後，施之萬民，莫過乎可久。天地所貴，羣生所恃，居之不厭，樂之不止，萬福並興，靡與爭寵，莫美乎壽。（宋陳景元道德真經藏室纂微篇引）

執大象篇

執大象，天下往，往而不害，安平太。樂與餌，過客止。道之出口，淡乎其無味，視之不足見，聽之不足聞，用之不足既。（王弼本老子第三十五章）

（七八）道無形，故天地資之以生；道無有，故陰陽資之以始；道無法，故四時資之爲業；道無象，故萬類資之以往。故，大法無法，大象無象，大無不無，大有不有。爲生於不生，爲否於不否，故道無爲而天地成，德無事而萬物處。夫何爲哉？不無不有，不爲不否，道自得於此，而萬物自得於彼矣。（宋陳景元道德真經藏室纂微篇引）

將欲歙篇

將欲歙之，必固張之；將欲弱之，必固强之；將欲廢之，必固興之；將欲奪之，必固

與之：是謂微明。柔弱勝剛强。魚不可脫於淵，國之利器不可以示人。（王弼本老子第三十六章）

（七九）此四者明，絕聖而德自起，廢智而化自行，翕天下之心而使自張，弱天下之志而使自强矣。（唐强思齊道德真經玄德纂疏引）

（八〇）道德所經，神明所紀，天地所化，陰陽所理，實者反虛，明者反晦，盛者反衰，張者反弛，有者反亡，生者反死，此物之性而自然之理也。故反覆之便，屈伸之利，道以制天，天以制人君，人君以制臣，臣以制民，含氣之類，皆以活身。虎豹欲據，反匿其爪；豺狼將食，不見其齒；聖人去意以順道，智者反世以順民；忠言逆耳以含其正，邪臣將起務順其君。知此而用之，則天地之間、六合之内皆福也。不知此而用之，則閨門之内、骨肉之間皆賊也。故子之與弟，時爲虎狼；仇之與讎，時爲父兄。然中有否，否中有然，一否一然，或亡或存。故非忠，雖親不可信；非善，雖近不可親。（宋陳景元道德真經藏室纂微篇引）

附録一　生平事蹟

漢揚雄法言問明篇（節録）

蜀莊沈冥（晉李軌注：蜀人，姓莊，名遵，字君平）。蜀莊之才之珍也，不作苟見，不治苟得，久幽而不改其操，雖隋、和何以加諸？舉茲以旃，不亦寶乎？吾珍莊也，居難爲也。

漢班固漢書王貢兩龔鮑傳（節録）

其後谷口有鄭子真，蜀有嚴君平，皆修身自保，非其服弗服，非其食弗食。成帝時，元舅大將軍王鳳以禮聘子真，子真遂不詘而終。君平卜筮於成都市，以爲「卜筮者賤業，而可以惠衆人。有邪惡非正之問，則依蓍龜爲言利害。與人子言依於孝，與人弟言依於順，與人臣言依於忠，各因勢導之以善，從吾言者，已過半矣」。裁日閱數人，得百錢足自養，則閉肆下簾而授老子。博覽亡不通，依老子嚴周之指著書十餘萬言。揚雄少時從游學，以而仕京師顯名，數爲朝廷在位賢者稱君平德。杜陵李彊素善雄，久之爲益州牧，喜謂雄曰：「吾真得嚴君平矣。」雄曰：「君備禮以待之，彼人可見而不可得詘也。」彊心以爲不然。及至蜀，致禮與相見，卒不敢言以爲從事，乃嘆曰：「揚子雲誠知人！」君平年九十餘，遂以其業終，蜀人愛敬，至今稱焉。及雄著書言當世士，稱此二人。其論曰：「或問：君子疾沒世而名不稱，盍執諸名卿，可幾？曰：君子德名爲幾。梁、齊、楚、趙之君非不富且貴也，惡虖成其名！谷口鄭子真不詘其志，耕於巖石之下，名震於京師，豈其卿？豈其卿？楚兩龔之絜，其清矣乎！蜀嚴湛冥，不作苟見，不治苟得，久幽而不改其操，雖隋、和何以加諸？舉茲以旃，不亦寶乎？自園公、綺里季、夏黄公、甪里先生、鄭子真、嚴君平皆未嘗仕，然其風聲足以激貪厲俗，近古之逸民也。若王吉、貢禹、兩龔之屬，皆以禮讓進退云。」

晉李軌法言淵騫注（節録）

（或問：子蜀人也，請人。曰：有李仲元者，人也。）蜀有嚴君平，豈伊仲元？君平已顯，仲元未聞。

晉陳壽三國志秦宓傳（節録）

……後商爲嚴君平、李弘立祠，宓與書曰：「疾病伏匿，甫知足下爲嚴、李立祠，可謂厚黨勤類者也。觀嚴文章，冠冒天下，由、夷逸操，山嶽不移，使揚子不歎，固自昭明。」

先是，李權從宓借戰國策，宓曰：「戰國從横，用之何爲？」權曰：「仲尼、嚴平，會聚衆書，以成春秋、指歸之文，故海以合流爲大，君子以博識爲弘。」宓報曰：「書非史記周圖，仲尼不采；道非虛無自然，嚴平不演。」

先主既定益州，廣漢太守夏侯纂請宓爲師友祭酒，領五官掾，稱曰仲父。宓稱疾，卧在第舍，纂將功曹古樸、主簿王普，廚膳即宓第宴談，宓卧如故。纂問樸曰：「至於貴州養生之具，實絶餘州矣，不知士人何如餘州也？」樸對曰：「乃自先漢以來，其爵位者或不如餘州耳，至於著作爲世師式，不負於餘州也。嚴君平見黃、老作指歸，揚雄見易作太玄，見論語作法言。」

晉皇甫謐高士傳嚴遵

嚴遵，字君平，蜀人也。隱居不仕，常賣卜於成都市，日得百錢以自給。卜訖則閉肆下簾，以著書爲事。揚雄少從之遊，屢稱其德。李强爲益州牧，喜曰：「吾得君平爲從事足矣。」雄曰：「君可備禮與相見，其人不可屈也。」王鳳請交，不許。蜀有富人羅沖者問君平曰：「君何以不仕？」君平曰：「無以自發。」沖爲君平具車馬衣粮。君平曰：「吾病耳，非不足也。我有餘而子不足。奈何以不足奉有餘？」沖曰：「吾有萬金，子無儋石，乃云有餘，不亦謬乎？」君平曰：「不然。吾前宿子家，人定而役未息，晝夜汲汲，未嘗有足。今我以卜爲業，不下床而錢自至，猶餘數百，塵埃厚寸，不知所用。此非我有餘而子不足邪？」沖大慙。君平嘆曰：「益我貨者損我神，生我名者殺我身，故不仕也。」時人服之。

君平賣卜，子雲所師，
聃文是闡，迺作指歸。
牧不可屈，錢常有餘，
真人淡泊，亶哉匪虛。

晉常璩華陽國志蜀郡士女（節録）

嚴平恬泊，皓然沉冥。嚴遵，字君平，成都人也。雅性澹泊，學業加妙，專精大易，耽於老莊。常卜筮於市，假著龜以教。與人子卜，教以孝；與人弟卜，教以悌；與人臣卜，教以忠。於是風移俗易，上下慈和。日閱得百錢，則閉肆下簾，授老莊。著指歸，爲道書之宗。揚雄少師之，稱其德。杜陵李强爲益州刺史，謂雄曰：「吾真得君平矣。」雄曰：「君但可見，不能屈也。」强以爲不然。至州脩禮交遵，遵見之，强服其清高而不敢屈也。嘆曰：「揚子雲真知人也。」年九十卒。雄稱之曰：「不慕夷，則由矣。不作苟見，不治苟得，久幽而不改其操，雖隨、和何以加諸？」

晉葛洪抱朴子内篇登涉（節録）

抱朴子曰：「天地之情狀，陰陽之吉兇，茫茫乎其亦難詳也，吾亦不必謂之有，又亦不敢保其無也。然黄帝、太公皆所信仗，近代達者嚴君平、司馬迁皆所據用，而經傳有治歷明時剛柔之日……。」

附録二　書目著録

經典釋文：

老子嚴遵注二卷（字君平，蜀郡人，漢徵士，又作老子指歸十四卷

隋書經籍志：

老子指歸十一卷（嚴遵注）

唐玄宗道德真經疏外傳：

嚴君平指歸十四卷（漢成帝時蜀人，名遵）。

唐杜光庭道德真經廣聖義：

嚴君平指歸十四卷（漢成帝时蜀人，名遵）。

唐書經籍志：

老子指歸十四卷（嚴遵志）
老子指歸十三卷（馮廓撰）

新唐書藝文志：

嚴遵指歸十四卷

宋史藝文志：

嚴遵老子指歸十三卷

附録三　序跋提要

宋陸游跋老子道德古文

右漢嚴君平道德經指歸古文，此經自唐開元以來獨傳明皇帝所解，故諸家盡廢。今世惟此本及貞觀中太史令傅奕所校者尚傳，而學者亦罕見也。予求之踰二十年，乃盡得之。王岌藏道書二千卷，以此爲首。漁隱陸某題，乾道二年十月十日（渭南文集）

宋晁公武郡齋讀書志（節録）

老子指歸十三卷，嚴遵君平撰，谷神子注。其章句頗與諸本不同，如以曲則全章末十七字爲後章首之類。按唐志有：嚴遵指歸四十卷，馮廓注指歸十三卷。此本卷數與廓注同。其題谷神子而不顯姓名，疑卽廓也。

明劉鳳嚴君平道德指歸序

老子書註者無慮數十家，獨河上公最著，然莫古於嚴君平矣。君平生元成間，與揚子雲同時。蓋隱於卜筮。其術道高藐，才智淵蔚，辨討微邃，持論悠暢，幾識洞變，藏往知來，與鬼神謀，陰陽爲使。其爲旨與老氏無間，故因其篇章以發歸趣，以爲道本於無：無無之無是生於無，未始之始是爲太始。體既無矣，不得不虛，既未有始，莫之端倪。惟無倪也，故能周徧。虛之極也，復何所窮？故原物之生，始惟至柔。柔者，生之端；剛者，生之魄，莫也，勢之充。滿必始於虛，柔爲之本，不失其初。故天道下降，地道居卑，川冲谷虛，澤納藪萃。王公執謙，能下爲貴，以卑爲高，以後爲先，去泰去矜，知雄守雌。以是爲國，以是爲身，禍之所去，福之所存，綿綿不絶，爲天下正。重積畚復，惟恍與惚，爲於無爲，事於無事，故天地遂成，萬物兼作，長養一世，含利四海，無舉大功而名號歸之，無傷吾神而萬世爲澤。此君平之指而老氏之大要也。

人隨所慕以自爲說，故有以柔弱勝剛强而爲兵權之譎者，取彼險武附於詐謀；有以芻狗萬物而爲申韓之刻者，絶聖去智以愚齊民；有以清静無爲而爲葢公之言者，慎守其常用以寧一，則曹承相輔漢，一代之治是也。有以谷神不死而爲神仙長年之術者，則推本柱下，原於道德、關尹書之類，遂爲玄談之宗。然其所述皆老之支流，非其全體；老氏豈虞其至是哉？即六藝固有盜以爲亂階者，莊叟固云古之博大真人哉！而自著其道，未嘗附之。今欲與列莊爲一顧且未可，而況彼諸家者自爲解也，毫釐千里而何以訓詁爲哉？抑君平之書，則大有類司馬季主者矣！蓋皆懷道不仕，敦賁丘園，上述天道，下紀地理，中極人事，究觀邃古，覽窮後世，旁盡物情，包洞幽晦，讖記末形，與能凡庶，故宋忠賈誼聞其言也，抑心消志，伏軾無氣。而嚴夫子端策正著，抗論卜肆，巨君之亂，貞不絶俗，清而不汙。其爲文也，宏裕掩該，含通標貫，靡靡緬緬，條縷判析，首尾温粹。卽之也近，充類也遠，不以才雄而鬱耀莫遏，不以辭貴理勝故超若千里驥。盤旋垤中，塵不出軌，馭不逸範而踐無遺地，騁有餘巧。若江海爲物，淹浸蕩沃，滔陵汩陳，漸潤而不知其益。若造化付形，隨所充具，其新不窮而機不可測。雖以釋訓爲名，故自爲一家言。其逸亡者已六卷，卽所存可以無恨其少矣！（叢書集成初编）

明沈士龍題道德指歸

余嘗讀君平座右銘，曰：「疾形不能遁影，大音不能掩響。默然託蔭，則影響無因；常體卑弱，則禍患無萌。」嘆其深得老氏之旨。後知君平有道德指歸，探檢不得。壬寅冬，孝轅從趙玄度得之，爲讀一過。大抵旁該六合，內究萬情，測陰陽之用，觀物類之變，以歸合於玄同。披玩不能去手。其爲文，往往以轉韻相叶，似是從龜策傳來。又若「無義無仁，六合之內，和合天親。無節無禮，四海之內，親爲兄弟」，則又三句首尾叶矣。至於名身孰親篇「無名之名」數句，王輔嗣準之以註睽之上九，便稱妙解。惜其前後殘缺，使大寶不完，亦道函一大缺陷。本序題谷神子，不顯姓名，晁公武以爲唐人馮廓也。繡水沈士龍識。（叢書集成初编）

明胡震亨題道德指歸

道德指歸，視河上公篇目，直是下經。然君平以四十篇爲上經，三十二篇爲下經，以今所存篇目校之，尚多二篇。又合反者道之動于得一篇、治人事天于方而不割篇、善爲士于大似不肖篇，復翦「善復爲妖」已上，附之以正治國篇内讀之，則語勢聯愜，理亦諧暢。惟民之饑已下七篇都缺。因後先檢算，併其所合治人、善爲士二篇，當自爲學日益已下及所缺七篇，始是君平下經，而不出户已前九篇，猶上經也。至若「陰八陽九」更以河上三十七篇足之，則君平上經又得四十六篇，亦必有六篇合併，始不背説目耳。海鹽胡震亨之説，雖林希逸謂非老氏本旨，似有獨會，乃其濬決玄旨，演倡宗風，則亦玄元之素臣矣。識。（叢書集成初編）

清錢曾讀書敏求記（節録）

嚴君平道德指歸論七卷至十三卷。谷神子序云：「道德指歸論，陳隋之際已逸其半，今所存者只論德篇。」近代嘉興刻本，列卷一之六，與序文大相逕庭，其中闕落者尤多。魚山從錢功甫，得其乃翁叔寶鈔本，自七卷訖十三卷，前有總序，後有人之飢也至信言不美四章，與總序相合。焦弱侯輯老氏翼，亦未見此本，真秘書也。辛丑初夕，公於亂帙中檢得，題其後而歸之余，來札云：「此夕將此殘書商確，良可一胡盧。」嗟嗟！公之傾倒於蘇至矣。慙予湮阨無聞，爲里中兒所賤簡，未能副公仲宣之托。撫今念昔，回首泫然，抱此殘編，徒深侯芭之痛而已。

壬申秋日，繙閱晁氏讀書志，有谷神子注老子指歸十三卷。案舊序云「陳隋之際已逸其半」，則谷神子爲唐人無疑；且所注止論德篇，而公武以宋人反得見其全書，何也？

清全祖望讀道德指歸

張南漪語予曰：「道德指歸，前有谷神子序。其云嚴君平姓莊氏，故稱莊子。班史避明帝諱，更之爲嚴，然則篇中所稱莊子者，皆君平自稱也。故卷首卽稱莊子曰：老子之作，上經象天，下經象地。其發明宗旨，幾二百言，此後每設爲問答，必曰『何以言之』、『何以明之』、『何以效之』，或曰『敢問』，而後以『莊子曰』答之。蓋皆君平自稱之言無疑也。閻潛邱乃以爲莊周逸篇之文，以補王厚齋之漏，何其悑也！其所引亦不完。」

南漪之言，覈而篤矣。然予并疑是書乃贋本，非君平之作也。漢志於老子所録有四家：鄰氏經傳四篇、傅氏經説三十七篇、徐氏經説六篇、劉向説四篇。使君平有之，不應不見於志，其疑一也。王貢傳載君平事，但曰祖老子嚴周之旨，著書十餘萬言，是特祖其意而別爲書，非竟若是書之爲箋釋也。然漢志亦不録，是已亡矣，安得晉魏間忽出乎？其疑二也。且予嘗觀其文，亦頗不類西京人語，其疑三也。（鮚

埼亭集）

清四庫全書總目（節録）

道德指歸論六卷江蘇巡撫採進本

舊本題「漢嚴遵撰」。隋志著録十一卷。晁公武讀書志曰：「唐志有嚴遵指歸四十卷，馮廓注指歸十三卷。」今考新舊唐書均載「嚴遵老子指歸十四卷，馮廓老子指歸十三卷」，無嚴遵書四十卷之説。疑公武所記爲傳寫誤倒其文也。此書爲胡震亨秘册彙函所刻，後以版歸毛晉，編入津逮秘書，止存六卷。錢曾讀書敏求記云：曾得錢叔寶鈔本，自七卷至十三卷，前有總序，後有人之飢也至信言不實四章，今皆失去。又引谷神子序云：道德指歸論，陳隋之間已逸其半，今所存者止論德篇。近代嘉興刻本，列卷一之卷六，與序文大相逕庭云云。此本亦題卷一之卷六，然則震亨所刻，即據嘉興本也。曹學佺作元羽外編序，稱「近刻嚴君平道德指歸論，乃吴中所僞作」。今案通考引晁氏之言（案此條通考所引與今本讀書志不同）稱其章句頗與諸本不同。如以曲則全章末十七字爲次章首之類，則是書原有經文。陸游集有是書跋，稱爲「道德經指歸古文」，亦以經文爲言。此本乃不載經文，體例互異。又谷神子注本晁氏尚著録十三卷，不云佚闕，此本載谷神子序乃云「陳隋之間已逸其半，今所存者只論德篇，因獵其僞舛，定爲六卷」。與晁氏所録亦顯相背觸。且既云佚其上經，何以説目一篇獨存？至於所引莊子，今本無者十六七，不應遵之所取皆向郭之所棄。此必遵書散佚，好事者撫吴澄道德經注跋中「莊君平所傳章七十有二」之語，造爲上經四十，下經三十二之説目。又因漢志「莊子五十二篇」，今本惟三十三篇，遂多造莊子之語，以影附於逸篇，而偶未見晁公武説，故谷神子僞序之中牴牾畢露也。以是推求，則學佺之説不爲無據，錢曾所辨殊逐末而遺其本矣。以其言不悖於理，猶能文之士所贋託，故仍著於録，備道家之一説焉。

唐鴻學指歸跋

右漢嚴君平道德真經指歸七卷，序目一卷，明姚舜咨手鈔藍格本，每半葉十行，每行二十字，版心有「紫夢齋鈔」四字，第七卷首有白文「姚舜咨圖書」五字，長方印記，存原卷第七、八、九、十、十一、十二、十三，序目在後，别爲一卷。漢人著書之例，如法言、史記、漢書、説文等書，序目均在卷末；如易之序卦，説卦。然此書陸德明、晁公武二家所記、張君房所引，皆係全書，是宋以後始行殘闕。錢遵王讀書敏求記所載序語與汲古閣刻本序文，皆明季妄人以原書序目之小注贋充，又僞續谷神子數語，謂注書時已不全。四庫提要據竄亂之本，遂行曹學佺之説，疑爲僞書，豈非謬邪？指歸確爲君平所作，餘得三証焉：華陽國志云：「君平『授老莊，著指歸，爲道書之宗。揚雄少師之，稱其德。』」故其稱引悉遵師説，如第七卷「夫易姓而王封於太山、禪與梁父者七十有二義」，他書或作「家」，作「君」，作「代」，惟漢書揚雄傳羽獵賦云「泰山之封，烏得七十而有二儀」。「儀」、「義」古通。一也。第十卷經文「終日嘷而嗌不嚘」，各本「嚘」多誤「嗄」。指歸「啼號不嚘，可謂志和」，太玄本之「夷」次三曰「柔嬰兒於號，三日不嚘」。「測」曰：「嬰兒於號，中心和也」。二也。梁劉昭注續漢書祭祀志，其所引莊子曰「易姓而王封於泰山，禪於梁父者七十有二代〔當作義〕，其有形兆垠堮」數語，亦在第七卷中。三也。困學紀聞因劉注，稱「莊子曰」，又誤以爲莊子佚文。清代博學如何閆均，習其說而不察，殊爲可怪。蓋自宋以來，以指歸語爲莊子佚文者亦多矣，惟惜殘闕將半，不能悉行較閱而更正之。宋編道藏亦據殘本七卷收入，而明刻因之，序目則徑迻於篇首矣。此本雖不全，而序目在末，其爲卷，則十四之原數與經典釋文序録、新舊唐書志卷數皆合，則實爲唐宋傳抄舊卷無疑，以校藏本，不獨字句爲勝可知矣。校刻既竟，并采輯佚文略例及各書記載坿録於後，以竢海内宏博留心增補。無僭無訛是尤學之所厚望也已。壬戌孟秋三月大關唐鴻學記於成都。

（怡蘭堂叢書）

蒙文通嚴君平道德指歸論佚文序

道德經指歸一書，文高義奥；唐宋道家，頗取爲説。其地位之重，僅次河公，然在近世，各有疑信，而終無定說。由今論之，其成書之故，蓋有可求者。漢書王貢兩龔傳稱「君平依老子嚴周之指，著書十餘萬言」，是君平固會有書。隋志陸序皆言君平有老子指歸十四卷。唐宋藝文志亦皆著之。明曹佺玄羽外編序乃云「近刻嚴君平道德指歸論，乃吳中所僞作」，四庫臣遂援爲口實，而指歸遂不得爲唐宋以來之舊籍也。考今之指歸，天一閣著録十三卷，是尚有全書，而正統道藏僅存七卷以下，已佚其前半，然强思齊玄德纂疏引君平説百二十餘事，宋陳景元道德經藏室纂微引君平説殆五十事，李霖取善集程以寧集注劉惟永集義亦頗引之。凡釋下經者，皆與今本指歸符合。則曹氏之説，實不攻自破。强引文多删節，如於道可道下，引君平説云「道德彰非自然，功名顯非真素」。而雲笈七籤開卷卽徵老君指歸將五百言，末二句正同强引。知張君房取之詳，强氏取之略，陳景元引文亦詳。皆此一書，無足疑者，卽今本指歸也。强引嚴説，復有數處校之今本。乃谷神子注文，非君平説。又知谷神子者，亦唐時人也。谷神子爲裴鉶，有道生旨一篇，見雲笈七籤，自晁公武以馮廓亦有道德經指歸，因謂谷神子爲馮廓，後人多沿之，誤也。唐百川前輩謂劉昭續漢書祭祀志注引莊子曰「易姓而王，封於泰山，禪於梁父，七十有二代，其有形兆垠堮」數語在指歸第七卷中，足知今之指歸，卽梁時劉昭之所見。自宋以來，困學紀聞之倫每以嚴書言莊子爲漆園之佚文。不知指歸之莊子，卽君平之自謂。而惑者反謂君平引莊語，何以皆爲佚文，斯爲大失也。進而論之，指歸之名，已稱於常道將書。華陽國志言「君平專精大易，耽於老莊，著指歸，爲道書之宗」。則指歸卽不必爲班氏所稱之書，而在晉世已先有之，尚不始於梁代。常氏書終於永和三年，宜指歸已出於永和之前也。漢書司馬遷傳注徵晉灼注稱老子曰：「善閉者無關楗。」嚴君平曰「折關破楗，使姦者止」。又徵晉灼稱嚴君平曰「黜聰棄明，倚依太素，反本歸真，則理得而海内鈞也」。折關破楗二語，卽見今本指歸卷七中。決晉灼所引嚴曰，卽指歸文也。顔監漢書序例云：「至典午中朝，爰有晉灼，屬永嘉喪亂，金行播遷，此書雖存，不至江左。」晉灼既永嘉前人，知指歸實永嘉前書也。皇甫士安高士傳惟言「嚴遵閉肆下簾，以著書爲事」，不言著指歸。士安爲晉武時人，知其固未見指歸之書。是此書固出於士安晉灼之間，殆在晉武之後，而當永嘉之前也。百川唐氏必論其眞爲君平之書，殆未必然。至其書究爲何人之作，亦有可言。宋史藝文志有谷神子諸家道德經疏，自注云「集河上公，葛仙公，鄭思遠，唐睿宗玄疏」。前於强思齊書，知谷神子裴鉶爲强氏以前人。此集疏取及玄宗，又知裴氏爲開元天寶以後人也。隋唐志不言葛氏注老，獨宋志以節解爲葛玄作。隋唐志則係之尹喜河上。宋志獨知爲葛作者，倘正由裴氏書知之耶！裴獨有鄭思遠書，隋唐志亦無之。而裴氏除注指歸外，別無他書，宜指歸者，卽裴所謂鄭思遠書也。世不知有葛鄭書，自裴書行而僅知之，則裴注指歸，卽鄭氏書，理或然歟！谷神爲神仙家，於節解之爲葛作而非尹喜，指歸之爲鄭作而非君平，他人不知者，裴固能知之，無足疑者。鄭爲仙公弟子，而葛洪之師，正値永嘉之先，而當晉武之後。故晉灼能徵引之，於事亦合。徐來勤書託之河上，葛仙公書託之尹喜，鄭思遠書託之君平，其意一也。仙公有序次一卷，而嚴氏指歸序，卽爲仿序次而是正之，尤爲學源於葛之顯證。抱朴内篇遐覽言：「昔者幸遇明師鄭君，時年出八十，髮鬢班白，顔色豐悦。能引强弩射百步，步行日數百里，飲酒二斗不醉，性解音律善鼓琴。鄭君本大儒士也，晚而好道，猶以禮記尚書教授不絶。其體望高亮，風格方整，接見之者，皆肅然不敢輕鋭也。知鄭公固爲經行高介之醇儒。故指歸文能宏深，遠過徐葛章句節解之鄙穢，以鄭君之學，固高於師門之傳也。今傳指歸本，以唐刻爲最善。唐氏得明姚舜咨抄本，刻之怡蘭堂叢書。所採佚文僅三條，惟取雲笈七籤二條，唐寫修文御覽一條而已。今從强疏得百二十餘條，從陳書得二十五條，從李霖集採十有二條，從程疏採四條，劉惟永書一條，幸稍多於唐輯。惟道生之第五十一章强引嚴說四條，皆與指歸文不類。道生章在今本存卷内，顧今本亦無之，未知爲强氏之誤歟？陸序隋志並有嚴注老子二卷，此四事者，豈爲所謂君平注老之文歟？顧歡書中亦有嚴顧等曰一條，亦與指歸文不類，皆附存卷中，以俟考論。程以寧於經「其猶橐籥乎」下，引君平說一事，案其文義，則上經之序，以惟存此一條，亦謹附論中，不別出之。前究嚴論，於「道冲而用之或不盈」曰「中和之道，不盈不虧」云云，凡四十餘字，以爲義本浮屠，旋考知此實李榮老子注文，非君平之說。强思齊書誤繫君平說後，乃正統道藏本之誤也，兹剔出之。其釋「長短相形，高下相傾」之説，殆裴注語，强引裴注例謂之嚴也。或亦卽所謂君平注老之文歟？董思靖言嚴遵以陽九陰八相乘爲七十二，上四十章，下三十二章。指歸末有君平說二經目，文與董同。知嚴書分章，與河上之爲八十一章者不同。今姚抄本下經皆存，而爲四十章，與河上公分章不合，與董思靖三十二之説亦不合。豈董説爲上下二字誤倒歟？今以姚本嚴論與河上本相校，嚴分河上其政悶悶章「人之迷其日固久」以上，繫於以正治國章之末爲一章，而自「方而不割」以下冠於治人事天莫若嗇章之首爲一章。又昔之得一章，合并反者道之動章共爲一章。又天下皆謂我大似不肖章，合下古之善爲士者不武章共爲一章。又天下莫柔弱於水章，合下和大怨必有餘怨章共爲一章。此下經河嚴二本分章之同異也。至上經惟郡齋讀書志稱嚴「以曲則全章末十七字爲後章首」，知亦分此一章合於上下之二章。至其他六章之合，則無可考也。嚴書今本文字同異，陳景元范應元二書多引之，與河上王弼本皆不同。今正統道藏嚴論之經，與陳范二家所引嚴經皆不能合。知道藏本已經後人誤改。蓋道藏各家老經，悉爲後之樸野羽流妄依河上章句本改之，非但嚴書而已。今之所輯，重在嚴論佚文，至嚴經同異，以具載友人蔣錫昌兄老子校詁中，兹不備録。嚴書之體，原文經文居前，而論則繫各章之後，自爲一篇。此之所輯，本之强陳各家所引。而各家皆摘取論文，分繫各經句下，固非嚴書之舊。然今既從强陳諸家書輯此佚文，則亦惟依諸家之體，分繫論文於各經當句之下，誠非指歸原製，以文既本之强陳諸家，亦惟用諸家之法而已，覽是編者，幸能諒之。蒙文通識。

王利器道藏本道德真經指歸提要（節録）

唐玄宗御制道德真經疏卷之六道生一章引嚴仙人「神漢」作「大漢」這和班固西都賦之稱「皇漢」，司馬相如封禪文、王褒四子講德論、揚雄解嘲、班固西都賦、東都賦、答賓戲、典引、封燕山銘、張衡東京賦、王逸魯靈光殿賦、馬融笛賦之稱「大漢」相同，這更是當時人稱説本朝之証。至于征之時王典制，考之當時之風俗習慣，尤令人感覺得一種强烈的時代氣氛，時時洋溢於字里行間。指歸卷十一其安易持章：

「莊子曰：『任車未虧，僮子行之；及其傾覆也，顛高墮谷，千人不能安。』」案：文選任彥升宣德皇后令注引尚書大傳：「彼狡僮兮。」又張衡西京賦：「侲僮程材。」薛綜注：「侲之言善，善僮，幼子也。」又南都賦：「于是齊僮唱兮列趙女。」漢書循吏傳：「常選學官僮子，使在便坐受事。」又王褒傳：「時氾鄉侯何武爲僮子，選在歌中。」這些僮字都是指的未成年的人，猶今言兒童，說文人部：「僮，未冠也。」這和「辛部」用爲僕役的「童」字是迥然有別的，漢以後「僮」「童」二字混用，有的竟顛倒使用了。又卷九爲學日益章：「日下之民，皆執禮、易，通詩、書，明律比，知詔令，家一吏，里一令，鄉一倉，亭一庫。」這裏所謂律比，卽當時的決事比。漢書藝文志六藝略春秋家：「公羊董仲舒治獄十六篇。」後漢書應劭傳：「董仲舒作春秋決獄二百三十二事。」隋書經籍志經部：「春秋決事十卷，董仲舒撰。」兩唐志甲部經錄同，崇文總目作：春秋決事比十卷，漢董仲舒撰。」後漢書陳忠傳：「苛法稍繁，人不堪之，忠略依寵意奏上二十三條爲決事比。」注：「比，例也。」又應劭傳：「輒撰具律本章句，……決事比例。」「決事比例」卽陳忠傳之「決事比」也。周禮大司寇：「凡庶民之獄訟以邦成弊之。」注引鄭司農云：「邦成，謂若今時決事比也。」賈公彥疏：「比八者，皆是舊法成事品式，若今律有其斷事，皆依舊事斷之，其無條，取比類以決之，故云決事比也。」然則指歸之所謂「律比」，卽律例也。漢書百官公卿表上：「大率十里一亭，……十亭一鄉。」續漢書百官志五注引風俗通：「所謂亭，蓋行旅宿舍之所館也。」此言「鄉一倉，亭一庫」，尤足與百官志、風俗通之文相輔相成，蓋以漢人而言漢制，自非「不知有漢」之人所得而僞托者。又指歸卷八天下有道章：「輕舉深入，先到爲右。」卷九爲學日益章：「尊名貴勢，强大爲右。」卷十三小國寡民章：「鄙樸在上，柔弱爲右。」尚右是漢代風尚，漢書高紀：「漢廷臣無能出其右者。」師古曰：「古以右爲尊，故云。」又文紀：「右賢左戚。」師古曰：「以賢爲上，然後及親。」又諸侯王表：「作左官律。」師古曰：「漢依上古法，朝廷之制，以右爲尊，故謂仕諸侯爲左官。」又王陵傳：「陳平以位讓周勃，乃以勃爲右丞相，位第一，平徙爲左丞相，位第二。」又周昌傳：「高帝使昌爲趙相，曰：『吾極知其左遷。』」又灌夫傳：「貴戚在己右，必陵之，在己左，益禮敬。」又公孫弘傳：「守成上文，遭遇右武。」又文翁傳：「文翁以爲右職。」文選張衡四愁詩序：「又多豪右并兼之家。」注：「漢書曰：『魏郡豪右李竟。』文穎曰：『有權勢豪右大家也。』」又沈休文奏彈王源注引東觀記：「皇甫嵩上言，四姓權右咸各斂手也。」所有這些，都很好地反映出君平之指歸只知有漢，無論魏、晉。杜道堅玄經原旨發揮卷下章句章十一寫道：「道與世降，時有不同，注者多隨代所尚，各自成其心而師之，故漢人注者爲『漢老子』，晉人注者爲『晉老子』，唐人、宋人注者爲『唐老子』、『宋老子』。」君平之指歸，難道不正是杜道堅所説的「漢老子」嗎？然而四庫提要、結埼亭集乃以爲僞書，真是「匪夷所思」了。（中國哲學第四輯）

中華書局
初版責編　王國軒